養護教諭必携

「ほけんだより」のつくり方ガイドブック

― 理論と実際 ―

監修・序文　髙石　昌弘
共著　出井 美智子
坂田　昭惠
藤江 美枝子

イラスト＆カット集 CD-ROM 付

目次

第2章 「ほけんだより」作成の基本的な考え方
— 年間計画を立てることの重要性 —

編集の実際編（出井 美智子　坂田 昭惠　藤江 美枝子）

序文

髙石 昌弘

「ほけんだより」をつくりましょう

入学式・始業式がすむと、新しい学年を迎えた子どもたちの生き生きとした顔が目に映る日々が始まります。養護教諭の先生方は、早速、定期健康診断の準備とその運営に忙殺されることでしょう。そして、一段落した時あるいは忙しい日常生活の中で「ほけんだより」を出さなければと、一層忙しさを感じている先生方が多いのではないでしょうか。

日頃、子どもたちの健康に関わる情報をなんとか家庭に発信したいと思ってはいるけれど、「ほけんだより」はどうやってつくればいいのかと迷っている先生方もいることでしょう。すでに「ほけんだより」をつくっておられる先生方にとっても、また、経験がなく、どのように取り組んだらよいか少々戸惑っておられる先生方にとっても何か手引きになるものがあればよいと思っておられる方が多いと思います。

そこで、この度、「ほけんだより」のつくり方ガイドブックを出版することにいたしました。学校保健活動の行政と現場で長い経験を持つ3人のエキスパートと共に何回かの意見交換を重ねる中で、学校保健活動の新しい方向にとって「ほけんだより」がいかに大切かを再認識し、そして、「ほけんだより」のつくり方に関する整理されたガイドブックが意外に見当たらないことに気付いたからです。

このような意見交換を重ねていた折、平成20(2008)年6月、学校保健法が大幅に改正され、新たに学校保健安全法が制定されました。施行は平成21年4月とされています。学校保健に関わる施策を統一した法律として学校保健法が制定されたのが昭和33(1958)年でしたので、まさに50年ぶりの大改革と言えましょう。

学校保健活動の流れ

これらの大改革をもたらした経過を振り返ってみますと、臨時教育審議会以降、着実に進められてきた教育改革の流れの中で、21世紀の学校保健の方向を示したとされる平成9(1997)年の保健体育審議会答申「生涯にわたる心身の健康の保持増進のための今後の健康に関する教育およびスポーツの振興の在り方について」、さらにその後の変革を踏まえて公表された平成20(2008)年1月の中央教育審議会答申「子どもの心身の健康を守り、安全・安心を確保するために学校全体として取組を進めるための方策について」をみてその変遷を知り、50年間の学校保健の動向を考えることの重要性に気付きます。その詳細を述べる余裕はありませんが、大きなポイントは次の2点に絞られると思います。第1は学校・家庭・地域社会の連携という古くて新しい課題の再認識であり、第2は児童生徒等自身に健康の重要性をいかに認識させるかという保健指導の在り方の検討でしょう。

第1の学校・家庭・地域社会の連携は古くから重視されていた学校保健活動の大きな課題でしたが、現実には行政の縦割りというバリアーなどもあって、なかなか連携強化の実は上がりませんでした。健康づくり運動に関する新しい視点からヘルスプロモーションの考え方が定着し始めましたが、このような新しい考え方に基づき、改めて三者の連携の強化が強調されたわけです。つまり、子どもたちの生活全般が健康づくりの基盤だという当たり前のことが強調されたのだといってよいでしょう。

第2の保健指導の在り方については、養護教諭の先生方が長い間進めてこられた健康相談活動の推進を考えてみる必要があると思います。これまでの学校保健では、日常の健康相談は学校医や学校歯科医の業務に位置付けられていましたが、多忙な校医の先生方の来校を待たずに養護教諭の先生方が子どもたちの健康問題の相談に乗ることが多いため、養護教諭の健康相談活動として位置付けられ発展してまいりました。新しい学校保健安全法をみますと、健康相談と並んで新たに保健指導の項目が挙げられています。これらの条項を示すと次の通りです。

第8条(健康相談)

学校においては、児童生徒等の心身の健康に関し、健康相談を行うものとする。

第9条（保健指導）

養護教諭その他の職員は、相互に連携して、健康相談又は児童生徒等の健康状態の日常的な観察により、児童生徒等の心身の状況を把握し、健康上の問題があると認めるときは、遅滞なく、当該児童生徒等に対して必要な指導を行うとともに、必要に応じ、その保護者に対して必要な助言を行うものとする。

このように保健指導の業務が養護教諭の職務として明確に位置付けられたことは養護教諭の今後の学校保健活動にとって大きな拠り所となるでしょう。

上記の2点、学校・家庭・地域社会の連携そして保健指導の推進を考えてみますと、今後益々「ほけんだより」が重視されてくるように思います。「ほけんだより」のもたらす力を総合的なエネルギーとして上記2点の実現の基盤にしていきたいものです。

本書の構成

そこで、本書では次のような3編構成を考えてみました。①理論編、②編集の実際編、③資料編。

第1の理論編は、第1章　学校が出す情報と「ほけんだより」の位置付け、第2章　「ほけんだより」作成の基本的な考え方（年間計画を立てることの重要性）、で構成されています。いわば、「ほけんだより」がなぜ必要なのかという理論的裏付けといってよいでしょう。

第2の編集の実際編では、具体的にどのような作業を進めていくべきか、そしてどのように活用したらよいかを説明しています。その構成は、第1章　編集作業にあたって、第2章　「ほけんだより」の効果的な活用法（効果的な活用法を考えるために）の2章でつくられています。いわば編集の具体的な内容ですので、じっくりと読んで頂きたいと思います。

第3の資料編では、実例やひな型、年間計画表の事例やモデル例、そしてカットやイラストなど、実際に使用しやすい資料を提供しています。

経験豊かな著者の力作ですので、必ずや多くの読者の参考となることでしょう。養護教諭の先生方はもちろん関連する先生方のお役に立つことを心から念じて止みません。

理論編

出井 美智子
坂田　 昭恵
藤江 美枝子

第１章

学校が出す情報と「ほけんだより」の位置付け

1 学校が出す情報とそのねらい

学校は、学校要覧、学校便りなどいろいろな情報をたくさん発信しています。それぞれの情報には、それぞれの目的があって、みな目的に沿った内容と対象に向けて発信されているのです。

「ほけんだより」は、子どもの健康にかかわる事柄についての情報発信です。序文にも書いてありますように、平成20年6月学校保健安全法が制定され、学校・家庭・地域社会の連携、保健指導が大きい柱になっています。学校・家庭・地域社会の連携を進めるためには、現在の子どもの健康状態、つまり、健康診断の結果、日常の健康観察、保健室来室の状況などを学校だけでなく家庭や地域社会も共有することが重要です。これらのことをお互いが共有することで健康問題の解決および健康増進のために役立てることができます。

もちろん、普通「ほけんだより」は自校の子どもや保護者が読むためにつくられることが多いと思いますが、保護者や地域に住んでいる人が読むことによって、あるいは、保護者や地域の人向けの「ほけんだより」を発行することによって子どもたちの健康状態や現在問題になっていることなどを保護者にも知ってもらうことにより、問題解決の連携を進めるための基礎になると思われます。

また、「ほけんだより」を読むことによって健康についての情報、例えば、健康診断の結果としての発育の状態やどのような疾病・異常があり、それをどうすれば解決できるのか、これからの季節はインフルエンザが流行するから予防するにはどうすればよいかなど、子どもや保護者自身が健康のために何か実行しようとするための動機づけとなります。情報の内容が単なる情報ではなく保健指導としての位置づけと役割をもっています。

1) 学校経営と保健室経営

学校の保健室は、学校という基礎的な組織があり、それを構成している下部組織であるということができます。学校経営は、学校の教育目標を実現するために行われる営みであり、保健室経営も究極の目標は教育目標実現の一端を担っているということができるでしょう。

実際、各学校の教育目標には「元気で明るい子」など健康に関する内容が必ず含まれているものです。主として保健室経営は学校教育目標の健康にかかわる部分を担うものだと考えられます。この学校教育目標の健康にかかわる部分を実現するために、養護教諭は保健室経営を行うに当たって目標をたて、保健室経営計画をつくり、それに沿って活動するのです。

したがって、保健室経営は学校経営と無関係のものではなく学校経営の一環として行われるものであることを認識しておくことが必要です。

保健室経営計画を作成するためには、まず、具体的には健康診断の結果、保健室来室状況などから子どもの心身の健康の現状、日常生活の現状などをもとに子どもの健康課題を浮き彫りにします。そのうえで学校教育目標、学校保健計画に沿って、保健管理についてはこのような方針でここに重点を置いて、保健指導はこのような方針でここに重点を置いてなど学校の年間計画、学校保健計画と一貫性をもたせながら一年間を通した計画をたてるわけです。もちろん、現実には予期しないことが起きたりして、計画通りに進めないこともあるでしょうが、その際は実情に見合うように計画を調整しながら活動を進めていくことが大切でしょう。

2) 保健室経営と「ほけんだより」

保健室経営は、保健室を基地として学校全体に保健活動を展開している養護教諭の諸活動を象徴していると考えられるでしょう。

養護教諭がどのような意図、言い換えればどんな目的で学校保健活動を展開しているかを関係者に知ってもらうことが大切ですが、その媒体として「ほけんだより」を使うことは有効なことだと思われます。もちろん、保健室経営計画を作成する際には、教職員等の意見も聞き、作成した段階で教職員には周知してあるはずなのですが、教職員以外の人に周知させる機会はあまりありません。保健室経営計画を周知させる方法として年度当初の「ほけんだより」に書いておくと子どもばかりでなく保護者にも伝わります。

また、場合によっては地域の関係者、関係機関に送って読んでもらうことも考えられます。この際、文書を外部に出す場合には、管理者の了解を得ておくことが必要です。これは、養護教諭の私的文書ではなく学校として発信するものだからです。

年度始めの「ほけんだより」だけでなく、どの号でも何のために書いたのか、つまり、保健室経営の重要な事項として「ほけんだより」を位置づけたいものです。

学校が出す情報とそのねらい

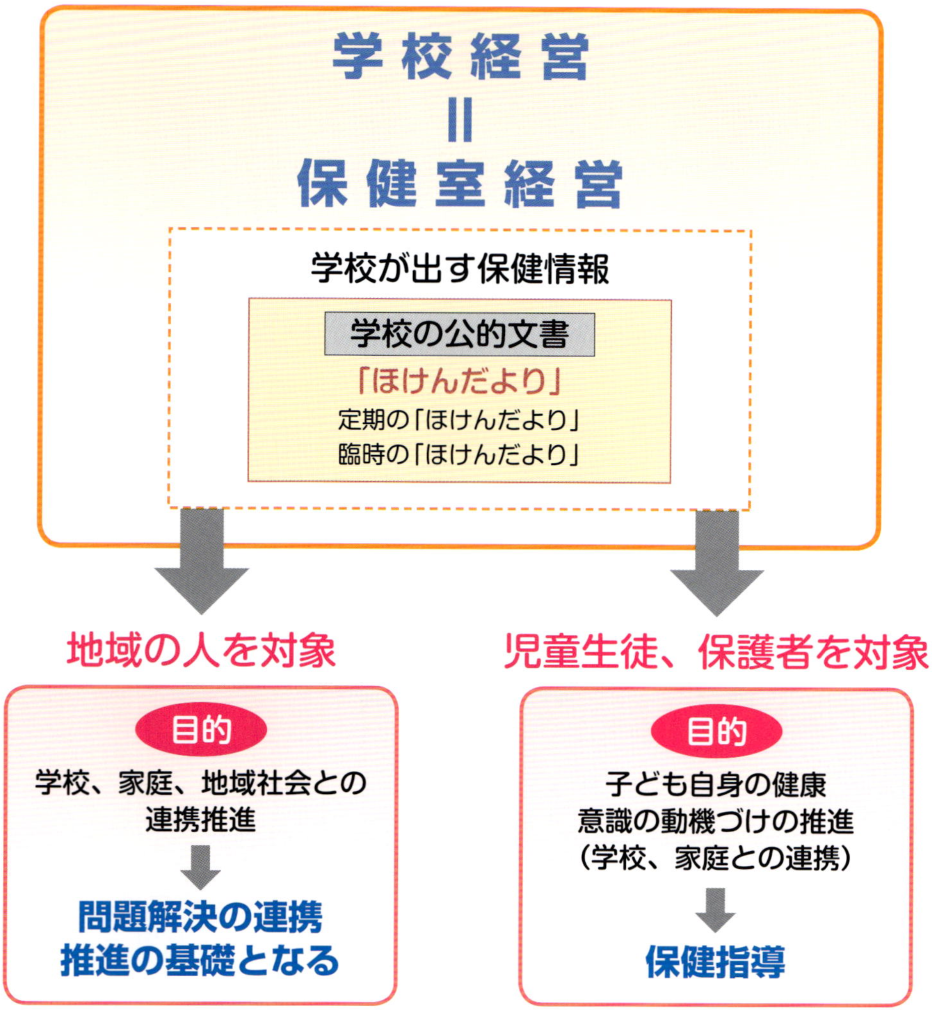

2 「ほけんだより」のねらい

「ほけんだより」は、児童生徒の健康の保持増進を図るために学校保健活動の一環として学校から全校児童生徒または保護者などにあてた保健情報です。

「ほけんだより」の原点は、1校に1人の養護教諭が児童生徒の保健管理や保健指導を効果的、能率的に行うための一手段として実施してきたものです。現在、「ほけんだより」には主として「養護教諭が中心となって作成するもの」「児童生徒保健委員が中心となって作成するもの」、「その他PTA保健委員会が作成するもの」などがあげられますが、いずれの場合も、児童生徒の健康の保持増進を図ることを主たる目的として、学校と児童生徒、学校と家庭、学校と地域のかけ橋として活用されています。

「ほけんだより」のねらいを大別すると

- 学校における保健管理や保健教育の内容を知らせ家庭の協力を得ようとするねらい
- 児童生徒の健康情報を提供し健康安全や疾病の予防を図ろうとするねらい
- 学校保健経営の方針や内容の理解を図るための情報を提供し学校保健経営の円滑化を図るねらい

に分類することができます。これらの内容を具体化すると

1. 学校における保健行事を知らせる（健康診断など）→行事が円滑に行われるよう保護者の協力を目的としたもの、また子どもの健康に関心を持ってもらうためのものです。・・・管理的側面（「ほけんだより」資料編：例P.50参照）
2. 児童生徒の健康情報（集団）の伝達→学校で実施する健康診断の結果や生活習慣のアンケートなどの結果は（個人的には健康手帳や疾病通知表などで知らされるが）「ほけんだより」を通じて行うことにより健康に関心を深めることになります。
・・・教育的側面（「ほけんだより」資料編：例P.51参照）
3. 学校における保健教育の実施状況や内容を知らせ家庭との共通理解を図る→学校で行われる保健教育の内容は児童生徒の家庭における実践をねらいとしているものが多いのです。例えば歯磨き指導を行ったとしても家庭での実践がなくては意味がありません。・・・教育的側面（「ほけんだより」資料編：例P.52～57, 59, 61, 63, 65, 67, 69参照）

4 健康の保持増進を図るための知識を与える→「ほけんだより」を通じての健康に関する教育には限度がありますが、知って欲しいことや知らせたいことの的を絞り、取り上げることもまた有意義なことです。・・・教育的側面（「ほけんだより」資料編：例P.93参照）

5 児童生徒および児童生徒を取り巻く地域の健康実態を知らせる→しばしば取り上げられることですが、インフルエンザ流行状況、風疹の流行についてなど地域の状況を知らせ予防対策を図ります。（感染症の流行状況など）・・・管理的側面（「ほけんだより」資料編：例P.80, 94参照）

6 保健室経営の一環として「ほけんだより」を活用する→養護教諭がすべての児童生徒の保護者に対し保健室の経営方針や保健室の役割などを理解してもらう方法は限られています。「ほけんだより」を通じてわかりやすくお知らせすることにより保健室経営の円滑化を図ることも出来ます。養護教諭のみならず学校医、学校歯科医、学校薬剤師、などの保健関係者と保護者を結ぶ一助ともなります。・・・管理的側面（「ほけんだより」資料編：例P.97参照）

7 保護者および児童生徒との連携を図る手段に活用します。・・・管理的側面

8 「ほけんだより」により健康に関心を持たせます。・・・教育的側面（「ほけんだより」資料編：例P.95参照）

「ほけんだより」のねらい

具体化

管理的側面

☆学校における保健行事を知らせる
☆児童生徒および児童生徒をとりまく地域の健康実態を知らせる
☆保健室経営の一環として活用
☆保護者および児童生徒との連携を図る

教育的側面

☆児童生徒の健康（集団）の情報の伝達
☆保健教育の実施状況や内容を知らせ家庭との共通理解を図る
☆健康に関心を持たせる

3 保健情報の取り扱いと内容の精選

「ほけんだより」に掲載する情報は、身近なものが多くなりますが（学校独自のもの）、時には、新聞や雑誌、研究論文、公的機関から出される統計結果、アンケート結果など広く情報収集を行い、精選をして記事にすることがあります。公にされているものでしたら原則として記事として取り扱っても良いわけですが、記事にするには、やはりルールがあります。

1）保健情報取り扱い上の留意点

個人情報の取り扱いは慎重に・・・個人に関する情報を公にすることは特別の場合を除いてほとんどありませんが、それでも「例」として取り上げることがある時は、絶対に個人が特定できるような記述は避けなければなりません。

インターネットの普及により、官公庁などと同様に情報公開の一環としてホームページ上で自校を紹介する学校が増えています。このような学校では、学校紹介の中で「学校だより」などと一緒に「ほけんだより」も掲載することがあります。インターネットを通して児童生徒や保護者などを対象に「ほけんだより」を配布した場合、関係者以外の多くの人（言い換えれば不特定多数の人）に閲覧されることが想定されますので、内容の精選は勿論のこと、情報の取り扱いにより一層の慎重さが求められます。

また時には「○○さんが表彰されました」などの喜ばしいニュースは積極的に取り上げると良い内容です。（「ほけんだより」資料編：例P.48～49参照）

本や雑誌、研究論文からの文章の引用に関しては原則として引用文献を明記する必要があります。

教材関係の出版社が発行しているイラスト集などは、教材活用に限って転載を許諾する目的で販売されているものがあります。それ以外の各種出版物に掲載されているものは無断転載を禁じていますので、気に入ったからといって、出版社に無断（許諾を受けない）で勝手にコピーをしたりトレースをして転載することは慎まなければなりません。

2) 内容の精選

1枚の用紙に何をどのように掲載するか内容の精選を図るには基本的考慮事項があります。

基本的構成を考えた上で次のようなことに留意しましょう。

★学校保健年間計画に沿って必要事項を決定する（保健管理・保健教育両面で考える）
★季節的必要事項を考える（感染症や学校行事など）
★内容はより身近な情報、必要な情報、新しい情報を優先する（学校の実態、今学校では等）
★対象者のレベルにあった内容とする（児童生徒、保護者など）
★興味関心がある内容とする（社会問題、子どものかかりやすい病気やけがなど）
★視覚に訴えることのできる内容も取り上げる

情報量は多すぎても少なすぎても良い「ほけんだより」とはいえません。また、せっかく作っても読まれなくては意味がありません。そこで興味、関心のもたれる内容の精選や情報の提供の仕方に工夫を行うことが必要になります。まず、内容の精選を図ることから始めます。内容は、「ほけんだより」の形式（新聞形式、単独内容のもの）や発行形態（定期、臨時）、文字の大きさなどにより決定されます。

4 引用・転載物の取り扱い

1) 文章の引用・転載

専門書や教育書、新聞などに掲載された他人の文章を自分の文章のように「ほけんだより」に掲載することは著作権・出版権の問題があります。著作権法に従い、引用文は「」でくくって出典を明記し、転載する場合は著者や出版社の許諾を得ることが必要です。

2) 絵図やイラストの引用・転載

1) に準じます。イラストなど教材用として販売されたもので、「コピーして活用してください」などと明記してあるものは転載しても問題はおきません。但し、これらを掲載して作成した「ほけんだより」などを、教材以外の目的で使う場合は出版社の許諾を得る必要があります。

3) インターネット上の画像や統計資料

今の情報社会では入手したいと思うものが居ながらにして、簡単にインターネットのホームページで閲覧することができるうえに、官公庁の統計資料などはホームページからダウンロードすることもできます。公的機関が情報公開している統計資料などを使う場合でも、必ず○○○省ホームページより、と出典を明記するのを忘れないようにしましょう。

ホームページに掲載されているものの中には「無断転載禁ず」などと明記されている場合がありますので注意が必要です。

5 保健情報の種類と出し方

「ほけんだより」には養護教諭中心で「定期的に出すもの」「臨時に出すもの」、児童生徒が中心で出すもの、保健部、学校保健委員会など保護者が参加して出すものに分けられます。

1) 定期的に出す「ほけんだより」

定期的に出す「ほけんだより」の種類（内容）は、発行者（養護教諭）の立場から考えると非常に豊富であり多岐にわたります。情報の種類を整理してみるには学校保健活動の領域を考えてみると良いと思います。

(1) 保健安全教育に関わる内容

保健学習に関わる内容、保健・安全指導に関わる内容

(2) 保健安全管理に関わる内容

- 心身の健康に関わる内容…児童生徒の健康実態・児童生徒の疾病異常などの治療状況
- 地域生活と健康に関する内容
- 生活の管理に関わる内容…児童生徒の健康生活実践状況
- 環境の管理に関わる内容…学校環境衛生、安全点検結果や整備について、地域の環境実態など

(3) 学校保健運営組織に関わる内容

児童生徒保健委員会開催状況・学校保健委員会、PTA保健部会活動状況

これらの内容の多くは、各学校において、学校保健計画として立案されています。学校保健計画は、学校教育目標達成を児童生徒の健康の保持増進の立場から図っていこうとする活動計画です。従って1年間の活動の目標を明確にしています。「ほけんだより」もこの目標を具体化する活動として位置付けられなければなりません。

特に定期の「ほけんだより」は毎月1～2回発行が多いようですから、この観点に立ち年間の情報の配分を適切に行い情報の内容に偏りがないよう配慮しましょう。

2) 臨時に出す「ほけんだより」

臨時の「ほけんだより」で考えられる内容は、季節的な疾病予防に関するもの、学校保健行事に関するものなどさまざまですが内容は単独のものがほとんどです。「インフルエンザに気をつけましょう」「つゆ時の健康について」「遠足での健康安全について」などです。あらかじめ過去の実績から考えられるものも多くあります。計画に入れておくのも一方法です。ただし計画通りに行かないのも事実ですので、臨機応変ということも考えておきましょう。

児童生徒中心のもの、保護者中心のもの

児童生徒中心・保護者中心のものには保健委員会・保健部会などのメンバーが定期的に発行する場合もあります。内容については主体が児童生徒、保護者などですから予測出来ないことも多いのですが、連携を図りつつ年間計画として発行月や概略の見通しを立てておくとよいでしょう。作成の手順については定期的に出す「ほけんだより」に準じて行いましょう。

第2章

「ほけんだより」作成の基本的な考え方
― 年間計画を立てることの重要性 ―

「ほけんだより」作成の基本的な考え方

ここでは「ほけんだより」作成に当たっての基本的な考え方を述べてみます。

「ほけんだより」を定期的に発行している養護教諭は月1回の発行で、8月を休刊としても年間11回、そして臨時の「ほけんだより」を考えると少なくとも14回～15回その仕事に係わることになります。また定期的に発行していない場合においても「ほけんだより」作成に多くの時間を費やしていることが実情でしょう。この「ほけんだより」の作成を能率的・効果的に行うためには作成のための基本を理解することが重要となります。なお、これらのことを踏まえて新年度当初の「ほけんだより」で年間の発行予定日を予め知らせておくと、作り手側の養護教諭も計画に沿った準備が円滑に進みますし、児童生徒および保護者側へは発行予告という形で年間の配布予定についての周知を図ることができると考えられます。

1 「ほけんだより」作成手順

1）発行計画の立案・・・学校保健計画立案時に「ほけんだより」発行についても考えると能率的です。

● 定期的なものとして次に示すような内容をあらかじめ決めておきます。

（例）

発行期日	月1回原則として15日発行	養護教諭の仕事内容を考え発行日の目安を立てておく
用紙	A4判の用紙を使用	B5判、B4判などもある
形式	横2段組、横書き	横1段組、横書き、縦3段組、横書きなど
対象	児童生徒、保護者両者を対象とする	保護者対象など

- 臨時のもの（過去の実績により発行が予測されるもの、または予測できないものもあることを認識しておく）についても決めておきましょう。

（例）

発行期日	必要に応じる	社会的行事・保健行事の前、感染症予防のためなど
用紙	B5判の用紙を使用	A5判、A4判など
形式	縦1段組、横書き	横1段組、横書き、横2段組、横書きなど
対象	児童生徒、保護者両者を対象とする	保護者対象、児童生徒対象のものなど

- 児童生徒中心のもの（高等学校などにおいては保健委員会活動として計画的に行う）
  児童生徒が作成の主体になりますが児童生徒のアイディアを生かした「ほけんだより」が作成されますのでベースとなる発行計画を立てておくとよいでしょう。
- 保健部、または学校保健委員会などから出されるもの
  発行は学校により異なりますが、年間2～3回が一般的と思われます。発行計画は学校種別、学校保健組織などにより違いがあります。内容的には上記児童、生徒中心のものと同様ですが、定期的なもの、臨時のもの、いずれの形式でも、「ほけんだより」発行のねらいが達成される計画を決めましょう。

2) 発行に当たっては対象者を明確にする

「ほけんだより」の対象は主として保護者向け、児童生徒向け、児童生徒および保護者向けに分けられます。対象によって情報内容や表現方法が異なってきます。定期的に発行される「ほけんだより」は、児童生徒および保護者の両者を同時に対象としている場合が多いようですが、この場合はよりわかりやすくに観点を置きましょう。

3) 内容の精選（内容の計画）

定期的に発行する「ほけんだより」においては中心となる内容が予測できるものが多いといえます。例えば4月の「ほけんだより」は、まず保健目標を「自分の健康を知る」と設定している学校がある場合は、目標を明確に「ほけんだより」に位置付け、中心は「健康診断について」「学校医紹介」「保健室の役割や約束事など保健室経営にかかわる内容」が予測されます。この内容を中心に内容の精選を行うとよいでしょう。情報量に気をつけましょう。中心的内容を計画しておくだけで「ほけんだより」が能率的に発行されることになります。

「ほけんだより」の年間計画表

月別「ほけんだより」の事例

月	予想される項目	事例1（A4判、横、2段組）	事例2（A4判、横、2段組）
4	学校保健目標 （自分の健康を知ろう） ・月の努力目標 ・健康診断 ・安全指導 ・健康観察 ・春先に多い子どもの病気 ・学校医紹介 ・保健室の役割	● 入学・進級おめでとうございます ● 4月の健康診断 （検査項目・日程・簡単な注意事項） ● 学校医さん紹介 ● 提出物のお願い （保健調査票・心臓病調査票・結核に関する問診表） ● こんな時は保健室へ ● おうちの方へ （検査結果のお知らせについて） ● 一口メモ（おうちの方へ…新学期は疲れやすいので健康観察をしっかり）	● 新学期がスタート ● 4月の保健 （自分の健康を知ろう） ● 定期健康診断日程 ● 保健室の利用について （こんな時に来て、保健室での約束） ● 自己紹介
5	月の努力目標 （生活のリズムを作ろう） ・5月の健康診断 ・感染症予防 ・遠足 ・交通安全 ・児童保健委員 ・けがの防止 ・健康相談 ・野外活動と安全	● 5月の健康診断日程 ● 校外学習 （体の準備を忘れずに…生活リズム対策、乗り物酔い対策、気温対策） ● 感染症について ● おうちの方へ （外遊びの季節。つめを切る、ハンカチ、ちり紙を身につける）	● 5月の保健目標 （十分に睡眠をとろう） ● 運動不足と健康 （運動不足のチェック） ● 日本スポーツ振興センター災害共済給付金制度について ● 保健室日記 （1か月の反省）
6	月の努力目標 （歯の健康を考えよう） ・むし歯予防週間 ・梅雨時の健康 ・雨の日の安全 ・食中毒の予防 ・プールが始まります ・光化学スモッグ注意報について	● 歯を守りましょう （歯みがきでむし歯や歯肉炎などの歯周病予防） ● 歯の治療は早得で （歯の治療3つのお得） ● 雨の日は危険がいっぱい ● 6月6日はプール開きです ● 6月の保健行事 ● おうちの方へ （体重測定について）	● 6月の保健目標 （歯の健康を考えよう） ● 歯科検診結果 ● 保健室日記 （保健室のできごと）

7 8	月の努力目標 （夏を健康に過ごそう） ・病気の治療 ・夏の健康 ・夏休みの過ごし方 ・心の健康 ・朝食アンケート結果 ・学校保健委員会	● 夏の健康 （熱中症、プール熱など） ● 毎日を元気に（注意事項） ● おうちの方へ （疾病の治療、基本的生活習慣） ● 7・8月の保健行事 ● 学校保健委員会の開催について	● 7月の保健目標 （夏を健康に過ごそう） ● スポーツ障害について ● 保健室日記 （こんな場所でけがを…）
9	月の努力目標 （けがの防止に努めよう） ・夏休み中の健康調査 ・けがの予防 ・9月の保健行事 ・むし歯予防 ・生活のリズムを整える ・救急の日	● 生活リズムを考える ● つめについて （マニキュアは必要ですか） ● つめの正しい切り方 ● 救急の日（AEDについてなど） ● 9月の保健行事	● 9月の保健目標 （けがの防止に努めよう） ● 夏で疲れた体をリフレッシュ ● 救急の日 ● 保健室日記 （夏休み中のできごと）
10	月の努力目標 （目を大切にしよう） ・目の愛護デー ・体育の日 ・良い姿勢 ・スポーツの秋	● 目の愛護デー （携帯、ゲーム機の注意） ● 外で元気に運動 ● 視力検査の結果 ● 秋の健康 ● 10月の保健行事	● 10月の保健目標 （ゆとりある生活をしよう） ● 正しい姿勢 ● 目の愛護デー ● 保健室日記 （○○さんが表彰されました）
11	月の努力目標 （かぜを引かない元気な体をつくろう） ・寒さに負けない健康作り ・健康と食生活 ・かぜ・インフルエンザの予防	● 秋の健康（むし歯の治療、かぜに負けないからだづくり） トイレの使い方（いいトイレの日、排便について） ● 11月の保健行事	● 11月の保健目標 （衣服の工夫をしよう） ● かぜの予防 ● いい歯の日 ● 歯みがき習慣 ● 保健室日記 （肥満について校医さんから一言）
12	月の努力目標 （冬を元気に過ごそう） ・冬休みの健康 ・学校保健委員会 ・生活習慣病 ・学習・睡眠と栄養	● インフルエンザ注意報 （インフルエンザの予防法） ● かぜ予防の5原則 （睡眠、換気と加湿、バランスのとれた食事、手洗い、うがい） ● 学校保健委員会の開催について	● 12月の保健目標 （食生活を考えよう） ● 世界エイズデー ● HIV感染／AIDSに関する資料 ● 保健室日記 （下着の役割について）

1	月の努力目標 （お部屋の環境を考えよう） ・部屋の環境 ・受験生の保健 ・一酸化炭素中毒・やけどの手当て	● 健康な１年 （早寝、早起き、朝ごはん） ● かぜ、インフルエンザを防ぐ ● かぜをひいたときの３原則 （休養、栄養、保温） ● １月の保健行事	● １月の保健目標 （かぜに負けないからだをつくろう） ● かぜ症状と対策 ● 保健室日記 （やけどについて）
2	月の努力目標 （体の健康を考えよう） ・心と体の健康 ・インフルエンザの予防 ・心の健康アンケート ・学校保健委員会	● インフルエンザに注意 （流行状況） ● かぜとインフルエンザの違い ● インフルエンザの予防対策 ● おうちの方へ （登校前の健康観察について） ● 学校保健委員会の開催について	●２月の保健目標 （自ら体を動かそう） ● ネチケット （ネットの上のエチケット）を考える ● 室内の換気 ● 保健室日記 （かぜとインフルエンザの欠席状況）
3	月の努力目標 （健康生活を振り返ろう） ・３月の保健行事 ・耳の日 ・耳の病気 ・健康生活の反省 ・保健室の利用状況	● 耳の日（耳を守るには） ● 耳の痛み （かぜで中耳炎、外耳道の傷、むし歯） ● １年を振り返る ● おうちの方へ （学校保健委員会の結果報告）	● ３月の保健目標 （１年の健康と成長を振り返ろう） ● 耳を大切に ● 花粉症 ● 保健室日記 （病気と元気 １年を振り返って）

臨時の「ほけんだより」項目例

- 健康診断（健康診断の受け方や事後指導など）
- 保健室利用について
- つゆ時の健康
- むし歯予防週間について
- 熱中症予防
- 水泳シーズン（プールを含む）を迎えて
- 夏休み特別号
- 生活の仕方について（生活リズム、体の清潔、遊びや運動、アンケート結果など）
- 姿勢・学習環境
- 目の健康
- 冬の健康（インフルエンザ予防、かぜの予防、冬休みの健康）
- 耳の日
- 1年間の反省

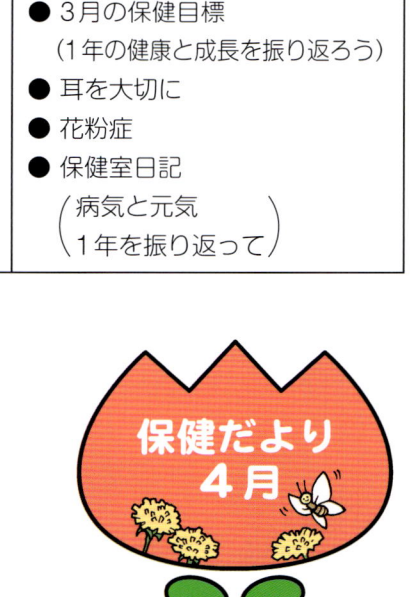

発行号の記事のねらいを明確にする

学校保健計画立案時には各月の学校保健目標を設定します。この目標は学校教育目標達成のためのものです。したがって「ほけんだより」も定期に発行されるものについては各月の学校保健目標達成を念頭に置くとよいでしょう。A中学校の事例です。

4月の保健目標	自分の健康について知ろう
5月の保健目標	十分に睡眠をとろう
6月の保健目標	歯の健康を考えよう
7月の保健目標	夏を健康に過ごそう（以下略）

この健康目標に沿って児童生徒の健康情報を「ほけんだより」の内容としています。皆さんでしたらどのような内容を取り入れますか。内容は各学校毎に異なると思いますが、このように月別「ほけんだより」の記事のねらいを明確にすることが年間を通しての「ほけんだより」の内容に偏りのない効果的なものにするでしょう。

4）「ほけんだより」の発行形態を決める

「ほけんだより」の構成内容（形式、デザイン）を決めておくと能率的、効果的です。毎回「ほけんだより」の構成（形式やデザイン）が変わってしまっては、親しみやすく読みやすい「ほけんだより」は望めません。従って発行計画に基づいた用紙サイズを基本とし、構成（段組、文字の大きさ、書体、タイトルのデザインなど）を決めておくとよいでしょう。

5）「ほけんだより」の作成

養護教諭1人で作成する内容、他の教師や関係者に原稿を依頼する内容など分担を決め原稿依頼を行います。内容の精選を行う時にあらかじめ大枠を考えておくとよいでしょう。専用原稿用紙を作っておくと便利です。

学校保健委員会、保健部など公務分掌上の教師との連携

学校の組織は、学校種別、学校規模などにより公務分掌および年間学校保健計画、保健委員、保健部員の役割などに違いがあるのが現状です。したがって一律に決める

ことは出来ませんが一般的な事柄について述べてみます。

「ほけんだより」は「読まれなければ意味がない」と先に述べましたが興味関心を持ってもらうためには身近な、親しみやすい、わかりやすい内容の「ほけんだより」が求められます。

作成にかかわる人が多いほど読まれる（魅力ある）「ほけんだより」ができることでしょう。そのためには養護教諭中心の「ほけんだより」においても学校医、学校歯科医、学校薬剤師、PTA代表などの学校保健委員会のメンバー、保健部の教職員との連携は欠かすことが出来ません。多くの人々の意見が反映できること、更に情報の提供を得ることが可能になります。学校によっては養護教諭のほかに保健部職員の中から「ほけんだより」作成担当者を決めている場合もあります。また高等学校などでは生徒保健委員の協力を得ている場合もあります。

「ほけんだより」の執筆者について

先に保健に関する「校務分掌上の教師との連携」で担当者についてふれましたが、記事についても関係者の協力を得ることも良いと思います。一例を挙げてみましょう。

養護教諭以外の執筆者の分担例

校務分掌上の教師

学年主任（学年持ちまわりで）

校長、副校長（教頭）などの管理職

学校医、学校歯科医、学校薬剤師

PTAサイド（保護者の代表者として）など

関係者との上手な連携は、紙面づくりを通して保健室経営を理解してもらえる絶好の機会といえるでしょう。また、「ほけんだより」の中身を一緒に考えることができますので、養護教諭の独りよがりの内容に偏らない、という利点も考えられます。このようなことから「ほけんだより」の制作過程、発行は教師間のコミュニケーションとそれぞれの視点で紙面構成を図るうえでも大切な役割を担っています。

このように「ほけんだより」に養護教諭以外の方々を登場させることで時に内容に変化が生まれ興味関心が高まります。具体的には児童生徒保健委員、学校長、学校医、学校歯科医、学校薬剤師を始め内容により教職員、保護者など多方面の方々の協力を得るとよいでしょう。

「○月は○○先生の担当コーナー」などを設け年間計画に入れておくのもひとつの方法です。

6）配布

配布の方法も計画のひとつとして考えておくことが大切です。いつ、誰が、どのように配布するか。例えば朝の学級活動の時間、学級担任を通して配布をする。など決めておきましょう。具体的なことは第2編第2章に詳しく述べてありますので参考にしてください。

7）「ほけんだより」の評価

「ほけんだより」は一方的な作為ですが、だからといって読まれなくては意味がありません。また内容に興味を持って、しかも理解されたかどうかも大切な要素です。そこで結果の評価が重要となります。どのような内容で、どのように行うか評価基準をあらかじめ考えておくとよいでしょう。評価の結果は次年度のほけんだより作成に活用されなければなりません。評価とその方法については、次頁で詳しく述べます。

2 「ほけんだより」の評価とその方法

1）評価の考え方

評価とは、成果がどのぐらい目標に達したかを明らかにするものです。plan（計画）－do（実施）－see（評価）ということがいわれますが、これは何かするときに、計画を立て、それに沿って実施し、評価を行いその評価を次の計画を立てるときに活かそうとするものなのです。これを重ねることによって、「ほけんだより」は年々よくなってくるものと思われます。

2）評価の方法

先にも述べたように評価を行うことは、次に計画を立てることの改善に役立てなければなりません。そのために、何がどのように良かったのか、何が足りなかったのかなど観点を決めて行うことが重要です。

自己評価と他者評価

養護教諭が行う自己評価は当然必要ですが、教職員、子ども、保護者などの他者評価も必要です。保護者や地域住民に評価してもらい、その評価を活かして次の活動をすることによって、家庭や地域社会と連携・協力して学校保健活動が展開できるのです。「ほけんだより」の意図したことが、正確に伝わったかどうかがわかります。

評価は目標がどの程度到達したかをみることだと述べましたが、結果だけを調べるのではなく、そもそも計画の立て方に問題があったのではないかということもありますから、計画を立てる段階から、実施の方法も評価の対象になります。

評価の方法

実際に評価する方法として、観点ごとに記述する方法、チェックリストなどがあります。記述法は評価する人の発想、意見、要望など今後の「ほけんだより」をつくるうえで参考になることが多いのです。チェックリスト法は評価の観点を丁寧にすれば、点数化して比較することなどもできます。

また、年間を通した全体の評価だけでなく、「ほけんだより」発行ごとの評価を行うこともよりよい「ほけんだより」の作成につながります。

3) 評価をどう活かすか

評価をすれば終わりではなく、評価は次年度の計画に活かすためにあるのです。

評価の結果、成果が上がった項目については目標をもっと高くする、あるいは次年度は重点項目を他の項目に置き換えるなどが考えられます。

小学校低学年の子どもの評価で「難しかった」ということがあれば、学習指導要領で各学年で習う漢字を調べ、難しい漢字にはルビを振ったり、文章をやさしくするなどが考えられます。また、やむをえず難しい言葉を使う場合には注釈をいれるとか、紙面の都合でそれができないときは、「ほけんだより」を配布するときに、学級担任に説明してもらうことも考えられます。

「ほけんだより」の評価　チェックリスト項目の一例

計画	★ 保健室経営に沿った年間の計画が立てられたか ★ 前年度の反省を活かした計画が立てられたか ★ 内容や発行回数などについて事前に学校保健委員会のメンバーらと検討する時間を持てたか（メンバーの意見の反映がなされたか） ★ 内容や発行日が適切であったか ★ 計画に無理がなかったか ★ 資料の準備に時間がかかりすぎなかったか　　など
内容（記事）	★ 毎回の掲載内容が適切であったか ★ 学校や地域の実情に沿っていたか ★ 情報（特に医学情報など）が正確であったか （保健、健康に関する情報は最新の情報が必要） ★ 臨時の「ほけんだより」がタイムリーに発行できたか （感染症が児童生徒や地域に発生したときなど） ★ 情報の出し方に問題がなかったか（表彰など良い情報は問題ないが、保健室の出来事など個人が特定できるようなエピソード紹介は問題がある） ★ 読んでもらえる記事の作り方ができたか （内容だけでなく、平易な表現やルビを振るなどの工夫） ★ マンネリ化を防ぐ工夫があったか　　など
手間	★ 編集に要した時間が妥当であったか（他の仕事に影響がでなかったか）　　など

配布と方法	★ 配布の方法が適切であったか（学級担任、児童保健委員会の協力など） ★ 学級担任が学級活動などの時間に「ほけんだより」の内容をきちんと指導したか ★ 養護教諭が教職員に記事のポイントをきちんと説明できたか ★ 学校医、学校歯科医、学校薬剤師など教師以外の学校保健委員会メンバーにきちんと届けることができたか　など
内容がどう伝達されたか	★ 記事に書かれた内容が児童生徒や保護者にきちんと伝達されたか（提出物の日時や健康診断日程の周知徹底など） ★ 児童生徒の保健指導や健康教育の役にたったか（または保護者の協力が得られたか）　など

評価の方法と手段は学校によって違いがあると思いますが、学期毎にまたは年度末に行う方法や学校保健委員会開催の時期に合わせて行う方法などが考えられます。

評価の結果は前述にあるように、何が問題点としてあがってきたかを整理、分析して今後の「ほけんだより」発行に反映することで、児童生徒はいうまでもなく家庭や地域社会と連携・協力して学校保健活動を円滑に展開することができます。

なお、評価項目の内容や方法は学校保健委員会など委員会組織のメンバーの意見を取り入れるとよいでしょう。

「ほけんだより」の評価　保護者対象のアンケート項目一例

保護者各位

○○○年○月○日

○○市○○○学校
○○○○○○○○○○○○○○○○○○○○

□□□□□□□□季節の挨拶文□□□□□□□□

毎号の「ほけんだより」をお読みいただきましてありがとうございます。これからも「ほけんだより」を通して保護者の皆様のご協力を賜りながら学校保健活動が円滑に運ぶようにして参りたいと存じます。つきましてはお手数をおかけいたしますが「ほけんだより」に関するご意見をお聞かせください。今後のより良い紙面づくりのための参考にさせていただきますのでよろしくお願いいたします。

※該当するものに○をつけてください。

問1：「ほけんだより」を毎号、お子様から手渡されていますか
（発行した日を入れておくとよい）
(1) 毎号渡された　(2) たまに渡された　(3) 渡されたことがない
(4) その他（　　　）

問2：問1で (1) と (2) に○をつけた方にお伺いいたします
(1) 毎号きちんと読んだ　(2) 興味のあるものだけ読んだ　(3) あまり読まない
(4) まったく読まない

問3：問2で (3) と (4) に○をつけた方にお聞きします
(1) 内容がむずかしい　(2) 忙しくて読む時間がない　(3) 興味がない
(4) その他（　　　）

問4：「ほけんだより」の内容についてお聞きします
(1) 役に立つ　（特に役に立った内容があったらお答えください）
（　　　）
(2) あまり役に立たない
(3) 役に立たない

問5：上記の答えに関係なく、今後取り上げて欲しい内容や「ほけんだより」に関するご意見がございましたらお聞かせください
（　　　）

※「ほけんだより」は原則として毎月15日を目標として定期的に発行しております。お子様がお渡しするのを忘れている場合もございますのでご確認ください

保護者対象のアンケート　―ねらいのひとつ―

「ほけんだより」が保護者にきちんと子どもから手渡され、読まれているかどうかを把握することはとても重要なことです。きちんと読まれていることで「ほけんだより」を発行する目的のひとつが達成されると考えられるからです。配布した「ほけんだより」が家庭でどのような扱い（手渡されたかの可否、読まれたかの可否、記事の内容をどう捉えたかなど）をされたかなどの情報を知ることは、今後の記事内容を考えるうえで大切なことです。また、保護者の意見や要望を知ることで学校からの一方的な情報の出し方から、より保護者のニーズに基づいた情報の出し方（切り口を変えてマンネリ化を防ぐなど）および表現方法を工夫することができるでしょう。

編集の実際編

出井 美智子
坂田　昭恵
藤江 美枝子

第1章

編集作業にあたって

1 ねらいと紙面構成を明確にする

理論編の1、2章で繰り返し述べられているように、学校経営と保健室経営は車の両輪の関係にありますので、学校保健計画に沿って年間の発行計画および内容を決めておくことが大切です。このことを踏まえ養護教諭を中心に校務分掌上の教師との間で発行内容の基本計画が決まっている、という前提に立てば毎号の「ほけんだより」を発行するねらいは自ずと見えてきます。

毎号のねらいが決まれば、掲載内容は自ずと決まってきます。内容が決まれば紙面構成は容易になります。

このような点を熟慮して作成された「ほけんだより」は、「子ども自身の健康意識の動機づけの推進（保健指導）」「学校、家庭、地域社会の連携推進（問題解決の連携と推進の基礎となる）」という大きな目的を達成することができるでしょう。

ほけんだよりの紙面構成例

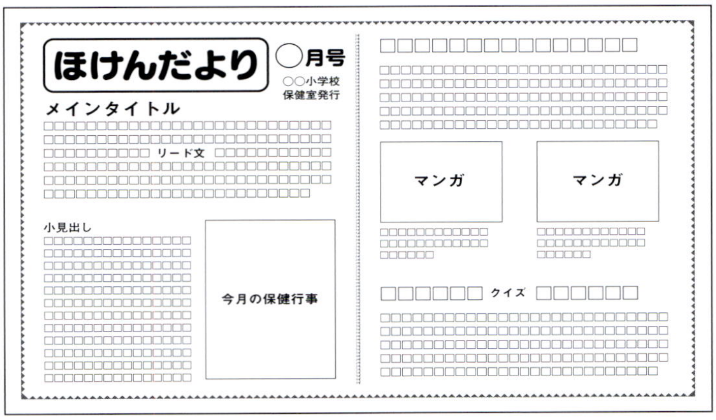

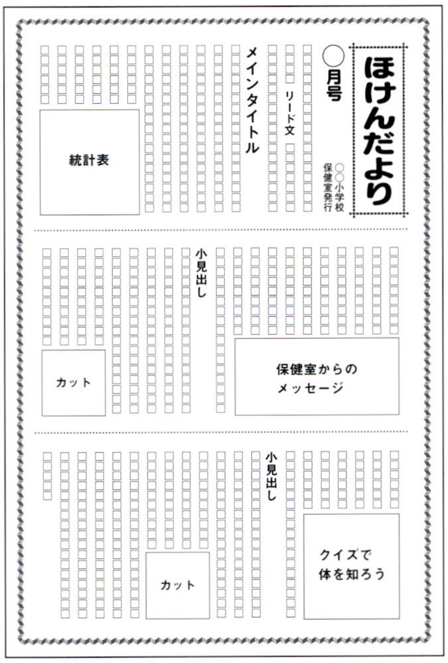

1) メインタイトルは内容の紹介

私たちが新聞を読むとき、メインタイトルを見ただけで内容の大筋を理解されたという経験をお持ちと思います。記事を書く人はこのメインタイトルに力を入れる、ということを聞いたことがあります。記事の内容を読みたくなるのはこのタイトルによりますので、きちんと打ち出すことが非常に大切です。

2) リード文を入れてねらいを明確にする

リード文はタイトル大見出しの内容の主旨を簡潔に伝えたりするものです。本文中の要約がリード文になることもあります。見出し文言を決めたり記事内容をまとめるうえでリード文をしっかり構成することが大切です。

また、読み手（児童生徒、保護者など）に対して記事のねらいがより良く伝わりますので、いきなり本文に入るのではなくリード文を挿入してみましょう。

3) トップ記事を決める（ニュース性）

「ほけんだより」を発行する際に児童生徒または保護者にいちばん伝えたいのは何か（トップ記事）、を定めることが大切です。

年間の発行回数や月別内容が決まっている場合でも、紙面に詰め込むだけではニュース性が明示されません。ニュース性が乏しく詰め込みの記事は読み手（児童生徒、保護者、教師など）に退屈感を与えるばかりではなく、書き手のねらいが効果的に伝わりません。

また、感染症発生など緊急事態に対する場合に発行する臨時の「ほけんだより」はさらにニュース性を明確にすると同時に、情報の正確さを見極めたうえで記事を書くことが求められます。

4) 記事の序列と配分を決める（割り付け）

1）と2）で示したように記事の序列は、トップ記事（ニュース性）が最初になります。あとは関連記事であったりその資料の掲載と解説などが考えられます。

記事の配分は、「ほけんだより」の体裁（基本形式）を決めておくと段組などのレイアウトが工夫しやすい、というメリットがあります。このようなことを配慮すれば一定の体裁（縦組、横組）を保つことで、毎回の記事配分が容易になるでしょう。

5）図表など統計資料の載せ方

「ほけんだより」に限らず、学校が出す文書には数値が含まれていることがかなりあります。特に健康診断の結果を載せる際などには、数値が主体になることもあります。

数値そのものを知りたい時には、もちろん数値そのものを載せるのがよいのですが、数字をだらだら並べても一般の人にはわかりにくいことが多いのです。そこで、大体の傾向を知りたいときには、図や表にして表すとよくわかります。上手に図表を挿入することによって難しいことをわかりやすく説明することもできるのです。

「ほけんだより」という限られた紙面の中で図や表を使って効果的な情報発信を行いましょう。しかし、ここで注意しておきたいことがあります。数値をグラフで表すときはグラフで表す意味があることを知り、何を表したいか自分の意図に沿ったグラフを選ぶことです。

○ 折れ線グラフ

ある事象について経時変化を示す場合に使われ傾向や概況を知ることができます。
例えば、1日の体温の変化や年齢による体重の増え方、身長の伸び方など

作成するときの留意点

（例）

体重の平均の「増加」　19年4月から20年1月まで

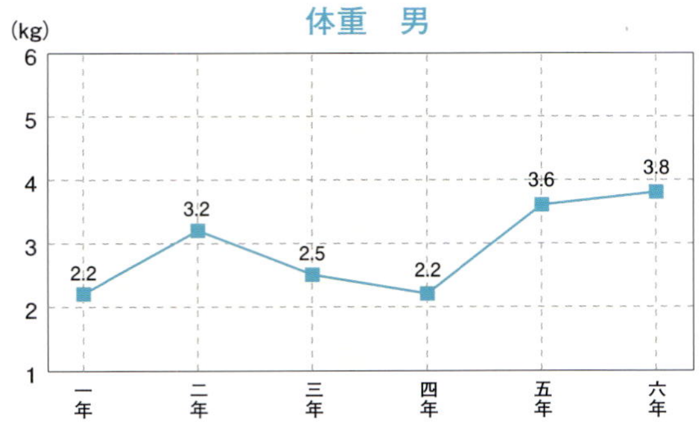

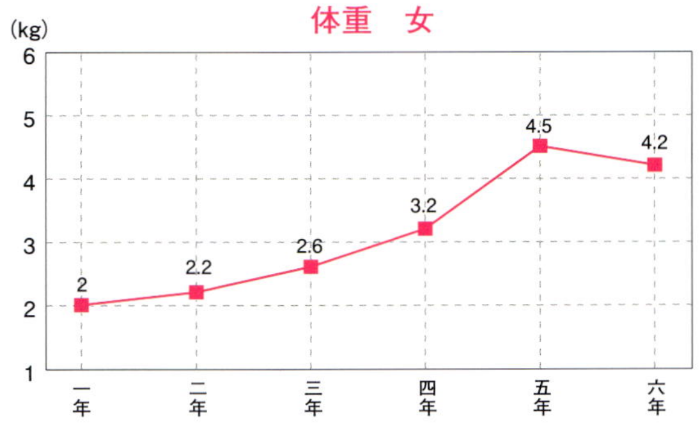

引用：江戸川区立上小岩第二小学校発行「ほけんだより」より（改図）

身長の平均の「のび」　19年4月から20年1月まで

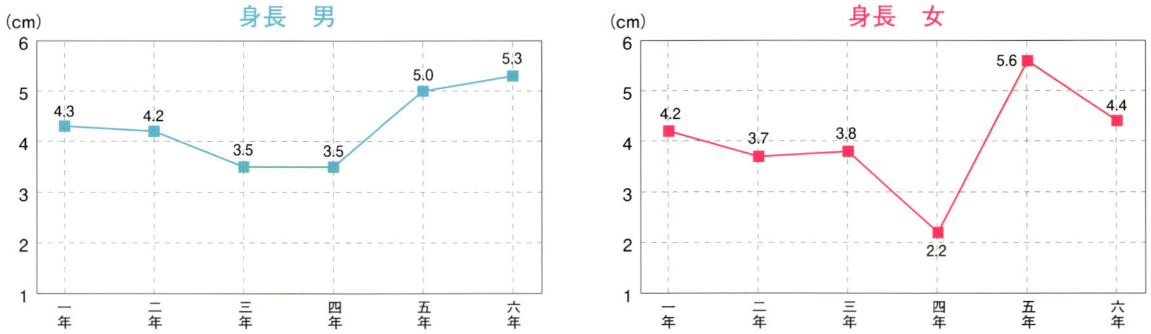
身長　男
(cm)
6
5
4
3
2
1
4.3
4.2
3.5
3.5
5.0
5.3
一年
二年
三年
四年
五年
六年
身長　女
(cm)
4.2
3.7
3.8
2.2
5.6
4.4

引用：江戸川区立上小岩第二小学校発行「ほけんだより」より（改図）

① 図の題名、横軸、縦軸の項目や単位を記入します。

② ひとつの図表に複数の線を描くときは、線の太さ、種類（実線・点線）、色分けなどで区別します。

近年、パソコンの便利なソフト（例えばエクセルなど）が利用され、数値を打ち込むと、棒グラフでも折れ線グラフでも簡単に作ることができますので、よく注意して使いましょう。

○ ヒストグラム（棒グラフ）

数量を柱状で表し、その長さを比較するものです。ある状態を説明するときに多く使われます。

（例）

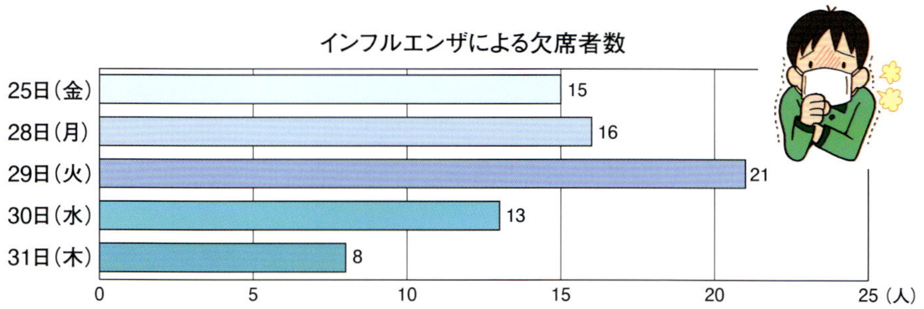
インフルエンザによる欠席者数
25日（金）
28日（月）
29日（火）
30日（水）
31日（木）
15
16
21
13
8
0
5
10
15
20
25（人）

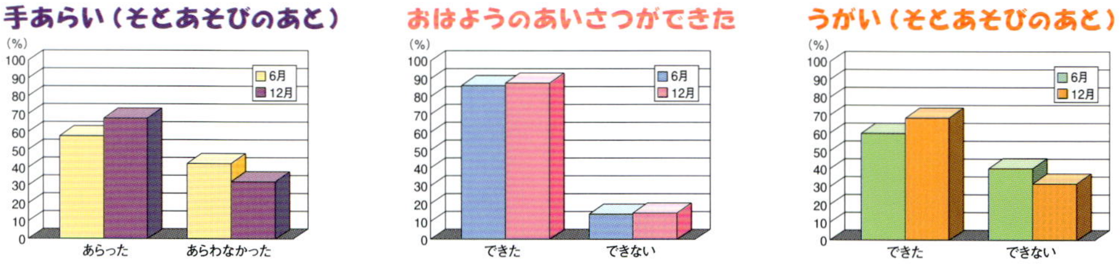
手あらい（そとあそびのあと）
(%)
6月
12月
あらった
あらわなかった
おはようのあいさつができた
できた
できない
うがい（そとあそびのあと）
できた
できない

引用：江戸川区立上小岩第二小学校発行「ほけんだより」より（改図）

○ 円グラフ

ある事柄の構成比を面積で表すものです。

作成するときの留意点

① 12時を起点にして時計の針の回転方向に区分します。

② 中央に総量を記入し、各構成項目毎に構成比（%）を記入する方法もあります。

③ 構成項目は10項目以下にして、他はその他に一括するほうが見やすくなります。

(例)

肥満度指数による分類

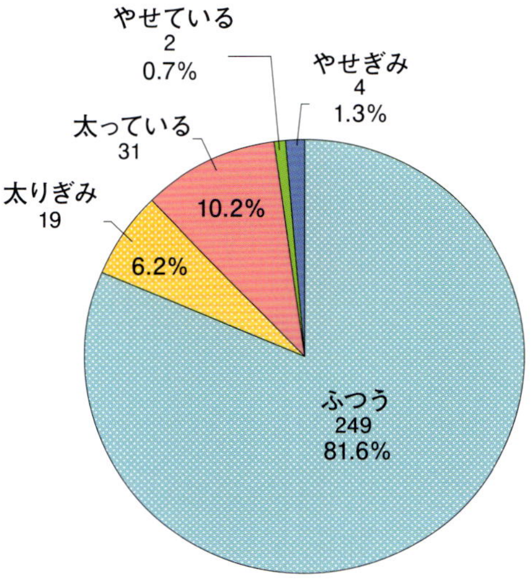
やせている
2
0.7%
やせぎみ
4
1.3%
太っている
31
10.2%
太りぎみ
19
6.2%
ふつう
249
81.6%

引用：江戸川区立上小岩第二小学校発行「ほけんだより」より（改図）

○ 円形線図

特性値のバランスを見るために使われます。

(例)

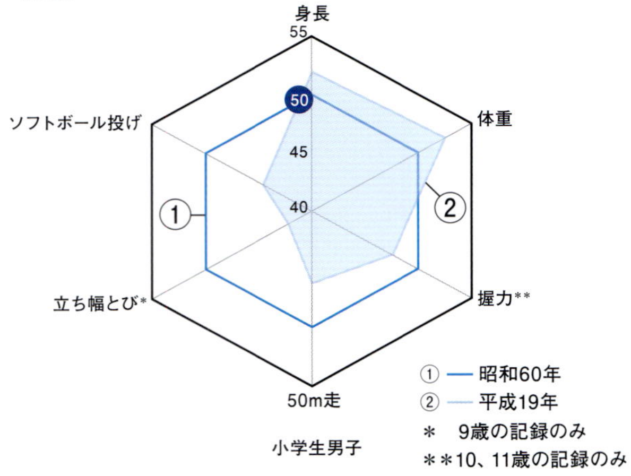
身長
55
50
45
40
体重
握力**
50m走
立ち幅とび*
ソフトボール投げ
①
②
① 昭和60年
② 平成19年
＊　9歳の記録のみ
＊＊10、11歳の記録のみ
小学生男子

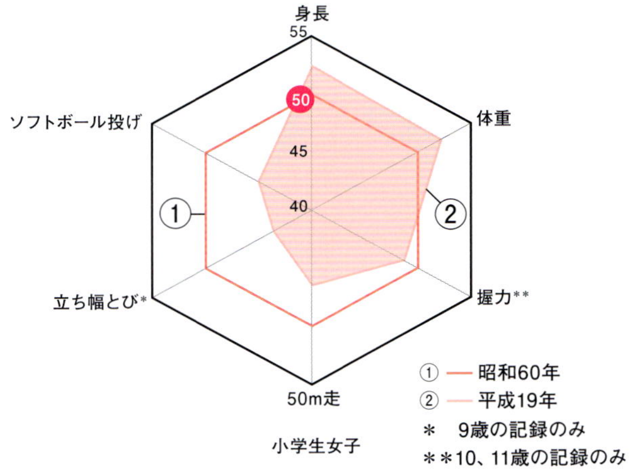
身長
55
50
45
40
体重
握力**
50m走
立ち幅とび*
ソフトボール投げ
①
②
① 昭和60年
② 平成19年
＊　9歳の記録のみ
＊＊10、11歳の記録のみ
小学生女子

図の見方：図の数字は昭和60年度を50として平成19年度の身長、体重の発育状況と、握力、50m走、立ち幅とび、ソフトボール投げの運動能力を示したものです。

引用：「平成19年度体力・運動能力調査」の概要　文部科学省ホームページより（改図）

6) 記事ごとの文字数と文字の大きさを決める

前述したことと関係してきますが、記事内容のボリュームと配分が決まれば紙面の割り付けに従い文字数を決めることができます。

パソコンなどで編集する場合は文字の大きさを自在に変えることができますので、文字数の調整は容易です。ただし、読み易さを考えた書体と文字数、行間選びは大切なことです。

手書き文字の場合はパソコンなどと違い、文字の大きさが不揃いになりやすいので、文字数を決めることが難しい、ということが考えられます。しかし、これを補うのは手書きならではの書き手の個性が感じられることです。

いずれの方法で編集する場合も共通していえることは、割り付けと同時に記事の内容を何文字で表現するかを決めておくと、文章が整理されるということです。その逆もしかりで文字数を決めることで割り付けがスムーズにいきます。

2 読みたくなる紙面づくりを工夫する

1) 紙面いっぱいに記事を詰め込まない

— 読み手の気持ちになって紙面をつくりましょう —

① 手書き編集

手書き文字は書き手の個性と人間的温かみが十分に感じられる、というメリットがあります。その反面文字の不揃いや書体の癖がデメリットになることもあります。また、記事を詰め込んだ場合、紙面に統一感とシンプルさがなくなり読み難くなりますので工夫が必要です。

デメリットを考慮しながら書き手の個性を上手に紙面に反映する工夫（例えば文字の太さでメリハリをつける、文字の大きさのバラつきに注意する、行間をあけたりカットなどで文字空間をつくるなど）をするとよいでしょう。

② パソコン編集

パソコンで編集する場合は、体裁や形式がデータとして保存されているので編集しやすいうえに、文字の大きさもそろい、書体も自由に選ぶことができる、読みやすい、紙面が整然としている、何度でも書き直しができるなどパソコンならではの利便さがあります。

③ 手書きとパソコンの併用

手書きとパソコンの併用はそれぞれが持つ特性を上手に使い分けることができます。

例えば手書き文章はつくり手の個性を発信することができますし、パソコンは統計資料などをグラフ化する場合に正確なものに仕上がる、というメリットがあります。それぞれのメリットをうまく組み合わせることで読みやすい紙面になります。

注意事項：どの方法で作成しても誤字脱字に留意し校正をしっかりしましょう。

2) 難しいことばや専門用語をなるべく使わない配慮をする

児童生徒に理解できる平易なことばで表現することが、保護者にも理解してもらえることになります。せっかくの「ほけんだより」が独り善がりにならないようにしたいものです。

また、学校によっては外国人の児童生徒および保護者も増えていますので、漢字にルビを振るなどの配慮も大切です。

3) 小見出しをつけて読みやすくする

小見出しは大見出しをさらに補強し、内容を項目ごとに区切るという意味で読みやすくなります。上手に小見出しをつけることで伝えたい情報がさらに明確化されます。

4) イラスト、カットなどの活用

文字だらけの紙面は最初から読む気をなくします。読みたいと思わせる割り付けを考えると同時に、どのスペースにどのようなイラストやカットを挿入するかを予め決めておくとよいでしょう。

記事に関連するようなもの、歳時記的なもの、イメージとしてのイラスト・カットがありますがどれを掲載するかは作り手の好みによります。

絵に自信のある先生はご自分で描くのも親しみが湧いてよいでしょう。絵が得意の先生の協力を得るのも教師仲間とのコミュニケーションを図るひとつの方法です。

教材として市販されている転載許可のイラスト・カット集なども多いので、これらを活用するのもよいでしょう。それ以外のもので「無断転載を禁じる」と明記してあるものは、いくら気に入っても勝手に使うことは著作権法や出版権に触れることを心得ておきましょう。

5) マンガ、クイズなどの掲載で楽しく学べる工夫を

難しい内容であっても、ポイントを押さえた易しい表現でマンガ形式にしたりクイズで考えさせる、という工夫で子どもたちをひきつけ、理解しやすくすることで問題意識をより身近に感じさせることができます。

マンガやクイズをつくることは容易ではないことですので、市販の教材を上手に組み合わせて活用してみましょう。（「ほけんだより」資料編：例P.100～103参照）

マンガを描くのが得意という教師や生徒保健委員会の生徒らに原案（セリフ）を出して制作してもらう、というのもひとつの方法です。

6) 作り手の気持ちが伝わる文章構成も大切な要素

紙面の見た目の良さ（読みたくなる紙面）があっても、記事の内容に乏しさがあったり、読み手の関心と共感を得ない文章構成は目的を達していないばかりか、作り手にとっても労多くして功なし、ということになりかねません。文章の上手下手もある程度関係してきますが、学校の独自性と地域性を取り入れた情報を載せることが文章に息を吹きこみます。気持ちをこめた編集は文章にも現れます。

7) 異文化を持つ子どもや保護者にも理解できる内容を工夫する

2）でも取り上げたように日本人以外の子どもたちが在籍する学校が増えています。当然保護者も日本語でコミュニケーションが上手に図れない、という事態も想定されます。また、国によって文化の違いもありますからそれらのことも念頭に入れて、記

事の内容や表現は十分に配慮しましょう。

こうした児童生徒、保護者に対して宗教や生活文化の違いを考慮した「ほけんだより」を別に作成することも必要な場合があるでしょう。

日本語が得意ではない、漢字があまり読めない児童生徒および保護者にとって、漢字にルビが振ってあると内容の理解が容易になることが考えられますので、作り手側に時間的な余裕があれば「ルビ」を振る工夫も大切なことです。

第2章

「ほけんだより」の効果的な活用法

― 効果的な活用方法を考えるために ―

1 配布の方法を考える

「ほけんだより」作成の目的は第1章で述べましたがいずれの場合も最終的には児童生徒の健康の保持増進を図るためです。そこで対象者が「ほけんだより」の内容を理解し必要に応じて日常生活に（現在および将来の健康の保持増進のために）活用することが第一の目標となります。

「ほけんだより」を配布したらその日のうちにゴミ箱に捨ててあったという話も聞いたことがありますが、これではせっかくの苦労も水の泡です。

このようなことがないように興味関心を高めることのできる「ほけんだより」の作成がまず第一ですが、配布の方法により活用される「ほけんだより」につながります。配布の方法には

> 学級担任・教科担任を通して朝や帰りの時間に配布
> 保健委員を通して配布

の二通りが考えられます。

原則として前者の「学級担任や教科担任を通しての配布」が望ましいと考えます。この場合一言「ほけんだより」の内容のポイントなどを説明して、保護者の方によく読んでいただくようお願いをしてもらうとよいでしょう。

児童生徒を対象とした、わかりやすい「ほけんだより」は健康診断をはじめとする健康管理に伴う保健指導の指導資料として、更に社会的行事の「むし歯予防週間」やインフルエンザ流行など感染症予防時の保健指導資料などにも活用できます。

しかし、中学校、高等学校などでは、保健委員の活動として「ほけんだより」の配布を位置づけている場合もあります。

利点は、保健委員としての責任感が育成されます。また間接的ですが、保健委員の健康に関する意識の高揚にも役立ちます。配布の時間は、学級担任や教科担任の配布時間に準じると良いと思います。朝や帰りの特定の時間を設定し配布することによりすべての児童生徒に配布することが出来ます。この場合も保健委員が説明を加えるとよいでしょう。

2 効果的な配布の方法を考える

「ほけんだより」発行の目的を達成するためには、配布方法も大きく関与してきます。効果的な配布方法の例を挙げてみますと、

① 作成し終わったらまず校長や副校長（自治体によっては教頭）に、内容の説明と報告を兼ねて紙面を渡す。

② 児童生徒に配布する前に教職員に配布する。朝の教職員打ち合わせで発行号のねらいや内容の説明をする。そして短学活などで配布してもらう時に担任から子どもたちに内容のねらいを説明してもらう。担任が内容の主旨を理解することで、子どもたちの健康教育への関心が高まることが期待できる。

③ 学級担任に配布をお願いする時に「ほけんだより」を学級人数より余分に渡し、学級に掲示してもらうとよい。

④ 中・高では生徒保健委員会が活動の一環として、学級担任に代わって配布することも多いが、この場合でも②に述べた通り教職員全員に共通理解が得られることが望ましいことは言うに及ばないことである。

⑤ ③以外の掲示場所として、保健室内や保健室廊下前の掲示板などへの掲示は児童生徒のみならず、保護者や来客の目に止まるので外部に向けた発信手段になる。

⑥インターネット上のホームページで学校紹介をしていて「ほけんだより」も掲載している学校では、児童生徒および保護者のみならず地域住民など多くの人が閲覧できるので効果が期待できる。このような学校はホームページに掲載していることを児童生徒および保護者に知らせておくとよい。

3 欠席した児童生徒への配布と配慮点

配布当日欠席した児童生徒への配布にも心配りが大切です。学級担任、教科担任が責任を持っていただくと良いのですが、配布できない場合も考えられます。特に教科担任の場合は不可能でしょう。どのように処置をするかを考えておくことが大切です。

(1) 欠席者の「ほけんだより」は一旦保健室に戻す
(2) 学級担任が保管する
(3) 保健委員が保管する

の三通りが考えられます。

(1) の場合は、養護教諭が健康観察簿などで児童生徒の出席が確認された段階で配る（学級担任を通じて、または養護教諭が直接、保健委員を通じて）。
(2) の場合は、あらかじめ「ほけんだより」の配布についてすべての教職員に説明をして共通理解を図っておく。
(3) の場合は、保健委員に欠席者がいた場合の「ほけんだより」の取扱方法について周知徹底を図っておく。

以上「ほけんだより」は養護教諭をはじめとして担当者の汗と努力の結果により作成されるものですから児童生徒等の健康の保持増進に役立って欲しいものです。

資料編

理論に基づいた「ほけんだより」の実例集

「ほけんだより」提供（掲載の「ほけんだより」の中のイラストは改図）

東京都江戸川区立上小岩第二小学校 養護教諭　山谷 能恵子 先生（P.48～49）
埼玉県熊谷市立久下小学校 養護教諭　飯田　美雪 先生（P.50～86）
埼玉県川口市立前川東小学校 養護教諭　直井 由美子 先生（P.87～99）

市販の「ほけんだより」実例（P.100～103）

出典：（株）少年写真新聞社発行　小学保健指導大百科 第17集

ほけんだより

江戸川区立上小岩第二小学校、校長 眞鍋良郎、平成20年7月1日

はっきりとしない天候が続いています。腹痛で休むお子さまが目立っています。

「手足口」も出ています。

登校前の健康としっかりとお願いいたします。

6月8日朝会で 表彰されました。

歯の衛生週間にちなんで、本年度も全校でポスターや作文にとり組みました。いずれも力作ぞろいでした。

優秀賞に選ばれた作品は、裏面をご覧ください。

6年生　よい歯の児童	
○○　○○	○○　○○
○○　○○	○○　○○
○○　○○	○○　○○
○○　○○	○○　○○
○○　○○	○○　○○
	○○　○○
	○○　○○

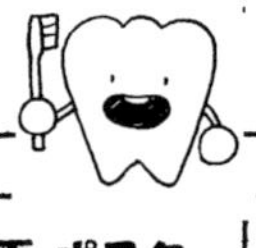

図画・ポスター			作文の部	
5-2	藁谷百合香	優秀	6-2	森　円花
1-1	○○　○○	佳作	3-1	○○　○○
1-2	○○　○○		4-1	○○　○○
2-1	○○　○○		5-1	○○　○○
2-2	○○　○○		6-1	○○　○○
3-2	○○　○○			
4-1	○○　○○			
4-2	○○　○○			
5-1	○○　○○			
5-2	○○　○○			
6-1	○○　○○			
6-2	○○　○○			

おめでとうございます

〈歯科健康診断の結果〉昨年との比較

年度			20	19
検査者数		(人)	328	342
乳歯総数		(本)	3592	3274
永久歯総数		(本)	4348	4332
乳歯のみう歯所有者		(人)	71	91
永久歯のみう歯所有者		(人)	54	30
乳歯永久歯両方う歯所有者		(人)	93	65
う歯処置済み者数		(人)	28	39
永久歯う歯処置歯数		(本)	42	25
永久歯う歯数		(本)	339	214
乳歯う歯数		(本)	486	507
う歯処置済み者率		(%)	11.4	17.3
う歯処置済み歯率		(%)	31.5	28.7
一人あたりう歯本数		(本)		
永久歯	男		0.86	0.57
	女		1.22	0.68
乳　歯	男		1.25	1.39
	女		1.73	1.58

← 一人あたりのう歯（むし歯）の本数が昨年より多くなっています。

成長期に大切な「汗をかく生活」

汗をかいた肌は、汚れを含み 温度や湿度も高いので、細菌の繁殖には絶好の条件です。そのため、出てきた汗をそのままにしておくと、肌に細菌が繁殖して炎症を起こし、汗の出口をふさいでしまいます。それが「あせも」です。

子どもは大人より汗かき！

体が小さな子どもでも、汗を出す汗腺は大人と同じ数だけあります。皮フの面積は子どもの方がせまいため、汗腺の密度は大人の3〜10倍にもなります。だから小さな子どもほど あせもになりやすいのです。

あせもを予防するには

1. 汗が蒸発しやすい通気のよい素材の服と、下着をつける。
   上フや衣服の表面に接触している空気は、常に体によって暖められます。そうすると、その空気は軽くなって上に行きます。その場所には新しい冷たい空気が入ります。こうした空気の入れかわりで温度が下ります。下着をつけることでより効果が上がります。
2. 汗が出たらすぐふきとる。
3. シャワーや入浴で肌の清潔に心がける。

汗をかかない生活がよい？

冷房のきいた環境に体が慣れると、汗をかく機会が減り、体温を調節する能力が落ちてしまいます。成長期には、日頃から運動して、いい汗をたくさんかくことが大切です。

むし暑い時には熱中症に注意!!

夏になるとじっとしていても1日に300ml位の汗が出ています。激しい運動ではかなりの汗が出るため、体の水分、塩分が失なわれすぎると 体温調節のバランスがくずれ熱中症になる恐れがあります。

水分と塩分の補給（0.9%の食塩水）

適度の休憩が大切です。

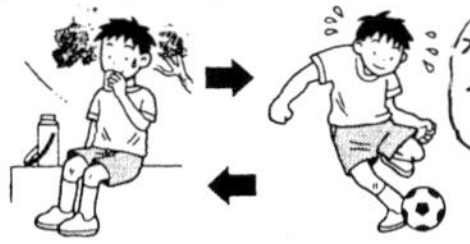

（水分は1時間に2〜4回　150〜200mlずつとるのがよい。）

ノドがかわき頭がいたくなる　フラフラして筋肉がけいれんする　胸の中が暑くなる　もうろうとしてはき気がする

少しずつ水分をのませる。

歯は体の宝物

森 円花

「あっまた虫歯ができちゃった。」

それは、歯医者にかよい終わって二、三ケ月後のことでした。

わたしは、小さいころから歯みがきがきらいで、小さいころに、父や母に歯をみがいたか聞かれると、

「うん、ちゃんとしたよ。」

とよくうそをついていました。

一、二年生のとき、歯が一本ぬけました。このころは、毎日みがいていたそうですが、「きちんと」ではありませんでした。ぬけた歯には虫歯がありました。「歯をちゃんとみがかないと…。」と思いながら、歯をきれいにみがくように心がけました。

「一本の歯をていねいに洗い続けるといいね。」と歯医者に行ったときもいわれました。

五年生のとき、わたしは保健委員になり、二学期に、虫歯を作る虫をけんびきょうで見ました。自分の口の中に、目では見えない虫がいることを初めて知りました。知ったときは体がびくびくしました。自分がどれだけさぼっていたのかがよくわかりました。それから、毎日毎日自分が「よし」と思うまでやりました。その結果、白くきれいになりました。

このことを母に言いたくて、

「ねえ、お母さん、歯がきれいになったよ。」

「ね、ちゃんとやれば治るけど、ちゃんとやらない人はなおらないんだよ。」

と言われました。

このセリフは山谷先生とにていました。

「虫歯は穴が深くなると病気になります。でも、きちんとやれば治ります。」

に、にていました。これだけでやればきれいになりますが、わたしはもうしろい歯にならない歯が一本あります。

それは、一年生のあるときのことでした。友達と公園で遊んでいるとき、すべりだいから、おちて、前歯を一本おってしまいました。この歯は永久歯でにどとはえないので、かわりに作った歯をつけました。もちろん作った歯なので白いですが、一日でも歯みがきをさぼると、茶色になってしまうのがわかりました。

虫歯は体の中に入いると、死にいたるおそれがあります。だから、歯は体のネジだと思います。よく歯をみがいて、虫歯があったらすぐ、歯医者に行くことです。そうすれば体のネジは、はずれません。歯をきれいにすることは、体を守ることでもあるのです。この経けんをとうして、歯は大切。と感じました。

作文 優秀賞

6年2組

森 円花さんの作文

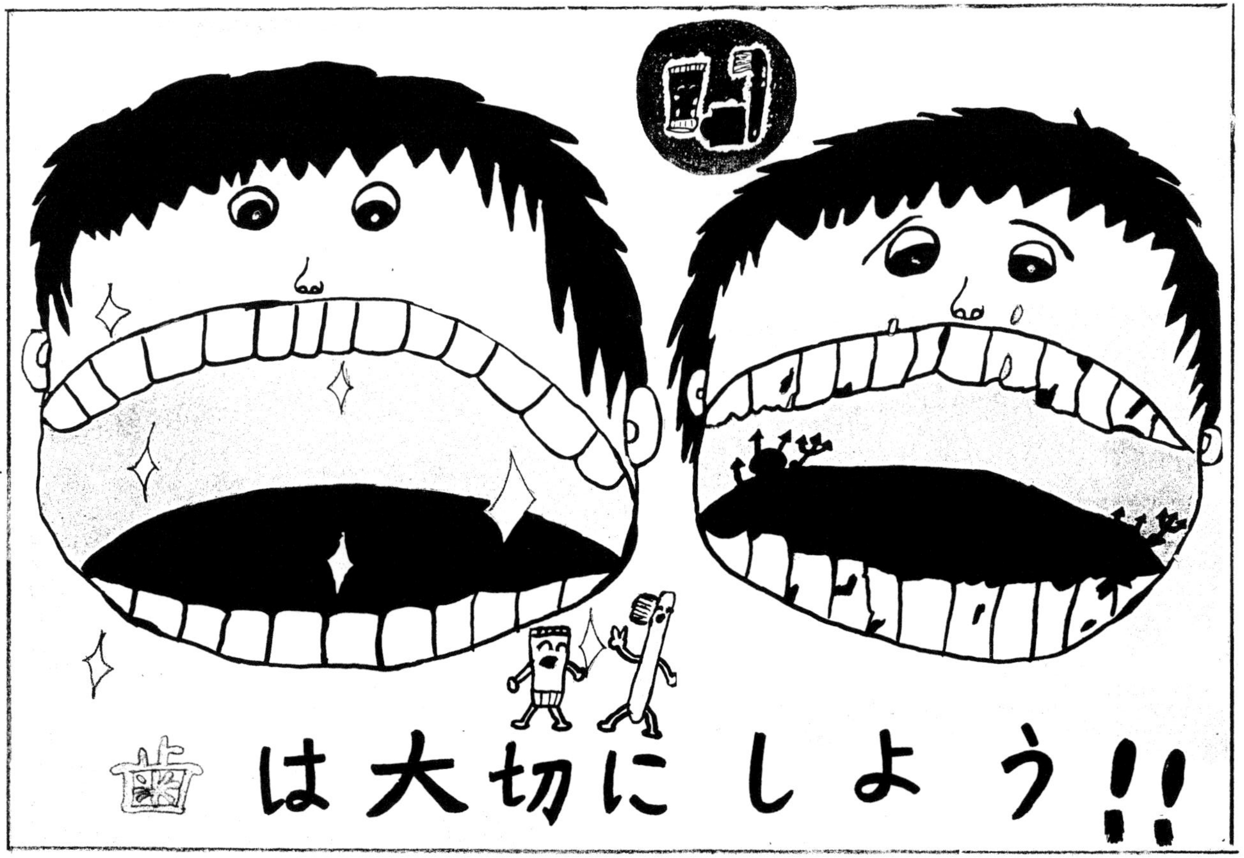

ポスター優秀賞

5年2組

藁谷百合香さんの作品

編集注：P48「ほけんだより」の裏面

ほけんだより4月

熊谷市立久下小学校　保健室
H19.4.11 発行

ご入学《にゅうがく》，ご進級《しんきゅう》おめでとうございます。これから１年間《ねんかん》，保健《ほけん》だよりを通《とお》して，心や体の健康《けんこう》についてみなさんと一緒《いっしょ》に考《かんが》えていきたと思います。また，健康《けんこう》に関《かか》わる悩《なや》みや質問《しつもん》などがあるときには，気軽《きがる》に保健室《ほけんしつ》に来て下さいね。

こんなときは保健室《ほけんしつ》へ

ケガしたときや
ぐあいが悪《わる》いとき

自分《じぶん》のからだや健康《けんこう》の
ことが知りたいとき

からだやこころのことで
悩《なや》みがあるとき

1，保健室《ほけんしつ》に来るときは、先生に話してから。保健室《ほけんしつ》を利用したら、おうちの人にも話しましょう。
2，保健室で手当を受けられるのは、学校でのけが（登校中《とうこうちゅう》から下校《げこう》するまで）だけです

去年困《きょねんこま》ったこと：土・日の休みに友だちと遊んでいた時のけがや、スポーツ少年団やスポーツ教室のけがの手当に来た人が何人かいた。

家でけがをしたのに、家に薬《くすり》やとげ抜《ぬ》きがないからと手当に来た人が、低学年《ていがくねん》に多かった。

今年度お世話になる
学校医と学校薬剤師の先生方です。

内　科
○○　○○先生　（○○診療所　TEL○○○－○○○○）

眼　科
○○　○○先生　（○○眼科医院　TEL○○○－○○○○）

耳鼻咽喉科
○○　○○先生　（○○耳鼻咽喉科　TEL○○○－○○○○）

歯　科
○○　○○先生　（○○歯科医院　TEL○○○－○○○○）

薬剤師
○○　○○先生　（○○○薬局　TEL○○○－○○○○）

健康診断がはじまります

今年も健康診断《けんこうしんだん》が始まります。たくさんの項目《こうもく》をもれなく受けるために、元気にすごして、学校を休まないでね。

日(曜日)	内　容	対象学年	開始時刻等
１２(木)	歯科健康診断	全校児童	８：３０～
１３(金)	身体計測	２・４・６年	１時間目～
	視力検査	〃	〃
	尿検査容器配布	全校児童	
１６(月)	身体計測	１・３・５年	１時間目～
	視力検査	３・５年	〃
	尿検査回収	全校児童	８：５０まで
１７(火)	心臓検診	１年・その他	１０：２０～
	尿検査回収	（１６日忘れ）	８：５０まで
	ぎょう虫検査配布	１・２・３年	
１８(水)	視力検査	１年１組	午前中
１９(木)	色覚検査	４－１希望者	８：１５～
	視力検査	１年２組	午前中
	ぎょう虫検査回収	１・２・３年	８：５０まで
２０(金)	ぎょう虫検査回収	（１９日忘れ）	８：５０まで
２６(木)	眼科健診	１・４年、他	９：００～
２７(金)	聴力検査	２年	午前中

前の晩は、お家の人に仕上げみがきをしてもらいましょう。
朝食後は、歯みがきしてから登校しましょう。

下の絵のかみがたは、困ります。耳より上で、髪を結ばない。

前のばんは、おふろに入りましょう。

めがねを持っている人は、必ず持ってきましょう。
検査に必要です。
１年生～６年生共通のお願いです。

健康診断を久下小学校で受けられないと、おうちの方に他の会場へ連れて行っていただくこともあります。（検査項目によって違うため、後日改めてご連絡します）
元気の毎日登校するために、「早ね・早起き・朝ごはん」をお願いします。

5月 ほけんだより

熊谷市立久下小学校　保健室

Ｈ１９．５．１発行

毎日《まいにち》の生活《せいかつ》が、気温《きおん》だけでも暑《あつ》かったり寒《さむ》かったりとめまぐるしく変《かわ》ります。こんな時に元気に過《す》ごせるのは、どんな人でしょうか？元気の秘《ひ》けつを教《おし》えてもらえるとみんなが元気になれますね。生活《せいかつ》リズムや毎日《まいにち》の食生活《しょくせいかつ》、体力づくりなど、それぞれに何か工夫《くふう》しているのかもしれません。

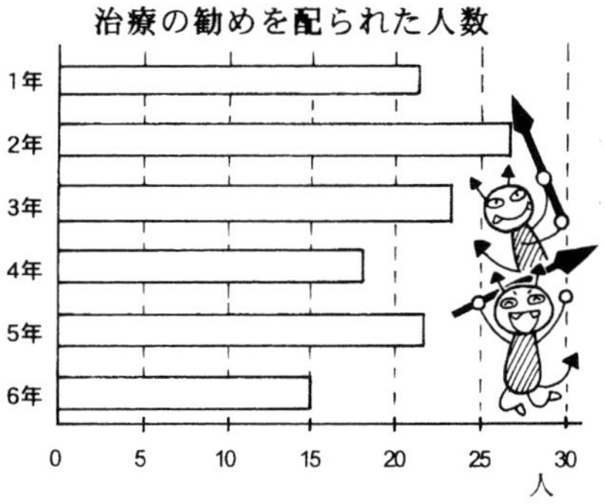

治療の勧めを配られた人数
1年
2年
3年
4年
5年
6年
0
5
10
15
20
25
30
人

歯科健康診断《しかけんこうしんだん》の結果《けっか》

１年生の歯《は》は、きれいにみがいてあり、むし歯《ば》もよく治療《ちりょう》してありました。

高学年《こうがくねん》になると、歯《は》みがきが上手でいないために、むし歯《ば》なのか食べかすかなの分からない人や、歯《は》ぐきが腫《は》れて血《ち》出やすい人がたくさん見られました。

歯《は》みがきの様子《ようす》をたずねると「みがくと血《ち》が出るから、そっとみがく」とのこと。あれれ？それでよいのでしょうか？

健康診断の結果をお知らせしています

◎自分でしっかり確認しましょう
◎必ずおうちの人に知らせましょう
◎なるべく早く治療しましょう
◎治療の経過を学校に知らせてください
治療済み
◎「異常なし」と診断されることもあります
◎わからないことは保健室で相談してください
ほけんしつ

健康診断がはじまってます

４月に引き続き、健康診断《けんこうしんだん》が行われます。まだ、たくさんの項目《こうもく》がありますので、毎日元気に登校《とうこう》しましょう。

日(曜日)	内　　容	対象学年	開始時刻等
１(火)	聴力検査《ちょうりょくけんさ》	３年	午前中
２(水)	聴力検査《ちょうりょくけんさ》	４年	午前中
８(火)	内科健康診断《ないかけんこうしんだん》	６年	１３：４０～
１０(木)	色覚検査《しきかくけんさ》	４－２希望者	８：１５～
１５(火)	内科健康診断《ないかけんこうしんだん》	４年	１３：４０～
１６(水)	聴力検査《ちょうりょくけんさ》	５年	午前中
１７(木)	聴力検査《ちょうりょくけんさ》	６年	午前中
１８(金)	聴力検査《ちょうりょくけんさ》	１年	午前中
２１(月)	内科健康診断《ないかけんこうしんだん》	２年	１３：４０～
２２(火)	内科健康診断《ないかけんこうしんだん》	１年	１３：４０～
	尿検査《にょうけんさ》２次配布《はいふ》	１次陽性者《ようせいしゃ》	
２４(木)	尿検査《にょうけんさ》２次回収《かいしゅう》	〃	８：５０まで
	耳鼻咽喉科健診《じびいんこうかけんしん》		９：００～
２５(金)	尿検査《にょうけんさ》２次回収《かいしゅう》	(２４日忘れ)	８：５０まで
	ぎょう虫２次配布《はいふ》	１次陽性者《ようせいしゃ》	
２８(月)	ぎょう虫２次回収《かいしゅう》	〃	８：５０まで
２９(火)	〃	(２８日忘れ)	〃
３０(水)	内科健康診断《ないかけんこうしんだん》	３年	１３：４０～

内科健診は問診票があります。記入後、期限を守って学級担任へご提出下さい。

検診をうける前にはおふろでキレイにね！

前の日に耳あかを確かめてください。

耳あかがあると鼓膜が見えないので、健診ができません。お家で取れる物は取っておきましょう。

清潔にしよう

すべての２次検査は、対象となった人にだけに連絡します

Q&A

疑問《ぎもん》：学校で測《はか》った視力《しりょく》とお医者《いしゃ》さんで測《はか》った視力《しりょく》が違《ちが》うのはなぜ？

答《こた》え：視力《しりょく》の変化《へんか》は、日によって部屋《へや》の明るさや本人の疲《つか》れ（前の日のテレビやゲームや読書《どくしょ》の時間《じかん》など）、その他《ほか》によって違《ちが》ってきます。そのため、視力検査《しりょくけんさ》の日によって視力《しりょく》は、良《よ》くなったり悪《わる》くなったりする場合《ばあい》があります。

参考資料：ぎもん・しつもん　目の事典（上）　　発行　東山書房

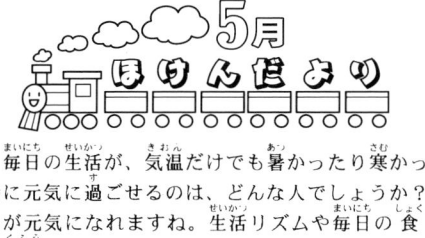

ほけんだより 6月

熊谷市立久下小学校　保健室
H19．6．6

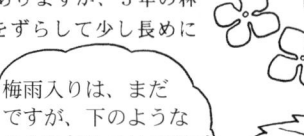

さわやかな日が続《つづ》き、外遊《そとあそ》びもたくさんできます。梅雨《つゆ》入《い》りも間近《まぢか》のようですが、今のうちに外遊《そとあそ》びで体力《たいりょく》づくりをしましょう。

今月は、歯《は》の衛生週間《えいせいしゅうかん》がありますが、５年の林《りん》間学校《かんがっこう》と重《かさ》なるので、時期《じき》をずらして少し長めに取《と》り組《く》む予定《よてい》です。

1年生

6月の保健目標

歯《は》みがきをして
むし歯《ば》を防《ふせ》ごう

梅雨どきの健康

梅雨入りは、まだですが、下のようなことに気をつけて過ごせるといいですね。

●食中毒《しょくちゅうどく》に気をつける

食《た》べ物《もの》がくさったり、カビが生《は》えやすい時期《じき》です。食事《しょくじ》の前には手をよく洗《あら》い、食品《しょくひん》は早めに食《た》べるようにしましょう。

●けがや事故《じこ》に注意《ちゅうい》

雨で、道路《どうろ》や建物《たてもの》の床《ゆか》がすべりやすくなっています。また、かさをさすと周《まわ》りが見にくくなるので、車などに注意《ちゅうい》しましょう。

●衣服《いふく》で調節《ちょうせつ》しよう

この時期《じき》は、むしむしと暑《あつ》い日もあれば、雨が降《ふ》って肌寒《はださむ》い日もあります。脱《ぬ》ぎ着《き》のできる上着《うわぎ》やシャツで上手《じょうず》に調節《ちょうせつ》しましょう。

プールが始まります

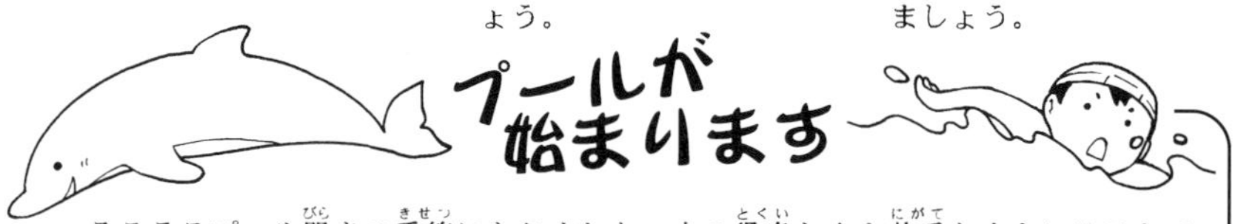

そろそろプール開《びら》きの季節《きせつ》になりました。水の得意《とくい》な人も苦手《にがて》な人もいることでしょう。どちらにしても、元気《げんき》に楽《たの》しくプールに入るためには、次のことをお願《ねが》いします。

①耳鼻科健康診断《じびかけんこうしんだん》の結果《けっか》、治療《ちりょう》が必要《ひつよう》な人

『耳あか』と『中耳炎《ちゅうじえん》』と言われた人は、必ず耳鼻科《じびか》で治療《ちりょう》をしてからプールに入りましょう。校医《こうい》の松本先生から、「耳の病気《びょうき》がプールに入ることで悪くなってしまいます。」とお話がありました。

②手足の爪《つめ》が伸《の》びている人

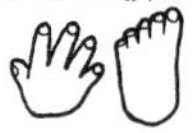

保健室《ほけんしつ》で、つめの長い人を見かけます。長いつめは、人にけがをさせることもあります。自分と友だちのために切りましょう。

③寝不足《ねぶそく》の人

朝、すっきり起きられない人は寝《ね》不足《ぶそく》かもしれません。もう少し早く寝《ね》ましょう。

６月４日から６月１０日までの１週間を歯《は》の衛生《えいせい》週間《しゅうかん》といって、歯《は》の健康《けんこう》について改《あらた》めて考《かんが》えたり行動《こうどう》する週間《しゅうかん》です。久下小学校では、６月中に【歯《は》みがきテスト＆歯《は》ブラシチェック】・【歯《は》みがきカレンダー】・【歯《は》の健康《けんこう》に関《かん》する作品制作《さくひんせいさく》】・【むし歯《ば》予防集会《よぼうしゅうかい》】を予定《よてい》しています。

じょうずにはみがき 1年生はここがポイント

１年生は、**第一大臼歯《だいいちだいきゅうし》のかみ合わせ面《めん》がきれいにみがけるようになりましょう**。みがいた後の**ブクブクうがい上手にできる**といいですね。歯《は》みがきテストも初体験《はったいけん》でしょうか？**自分《じぶん》のみがき残《のこ》しを観察《かんさつ》できる**ようになりましょう。

←点線《てんせん》で囲《かこ》まれている歯《は》が臼歯《きゅうし》。
食べ物をすりつぶす働《はたら》きを持っています。この絵で一番奥の歯《は》（第一大臼歯《だいいちだいきゅうし》）は、永久歯《えいきゅうし》の奥歯《おくば》の中で一番最初《さいしょ》に生える歯《は》です。歯《は》の中で最も大きいので、**歯《は》の王様**とも言われています。ただし、他の歯《は》と同じ高さになるのに１年位かかるので、みがき方にひと工夫必要《くふうひつよう》です。

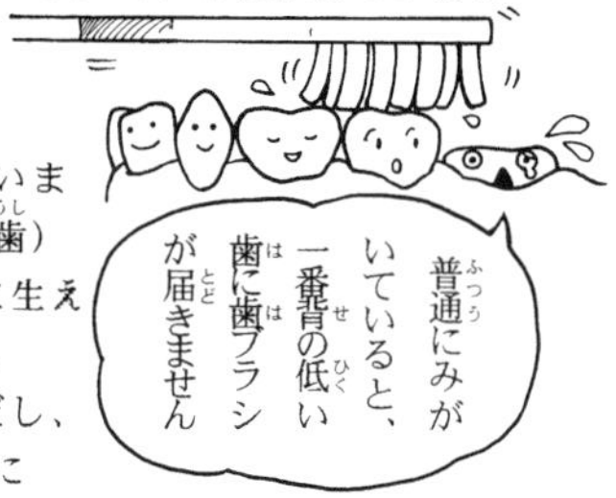

←くちびるの端《はし》から歯《は》ブラシを入れて、しみがきます。

←下の第一大臼《だいいちだいきゅう》歯《し》はひじを高てみがきます。

第一大臼歯のかみ合わせ面

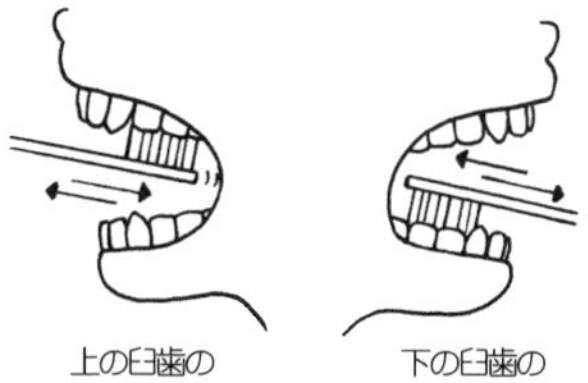

上の臼歯の咬合面　　下の臼歯の咬合面

←歯《は》ブラシの毛の部分《ぶぶん》を、かみ合わせ面に当てて、小刻《こきざ》みに前後《ぜんご》させながらみがきます。歯《は》の溝《みぞ》が深《ふか》いので、ていねいにみがきます。

ブクブクうがいは、口の中の食べかすを取るのに効果《こうか》があります。左右のほほに水が届《とど》くようにブクブクしましょう。

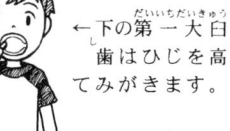

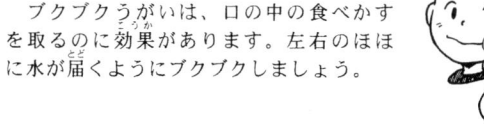

ほけんだより6月

熊谷市立久下小学校　保健室
H19．6．6

2年生

6月の保健目標
歯《は》みがきをして
むし歯《ば》を防《ふせ》ごう

さわやかな日が続《つづ》き、外遊《そとあそ》びもたくさんできます。梅雨《つゆ》入りも間近《まぢか》のようですが、今のうちに外遊《そとあそ》びで体力《たいりょく》づくりをしましょう。

今月は、歯《は》の衛生週間《えいせいしゅうかん》がありますが、5年の林間学校《りんかんがっこう》と重《かさ》なるので、時期《じき》をずらして少し長めに取《と》り組《く》む予定《よてい》です。

梅雨どきの健康

梅雨入りは、まだですが、下のようなことに気をつけて過ごせるといいですね。

●食中毒《しょくちゅうどく》に気をつける
食《た》べ物《もの》がくさったり、カビが生《は》えやすい時期《じき》です。食事《しょくじ》の前には手をよく洗《あら》い、食品《しょくひん》は早めに食《た》べるようにしましょう。

●けがや事故《じこ》に注意《ちゅうい》
雨で、道路《どうろ》や建物《たてもの》の床《ゆか》がすべりやすくなっています。また、かさをさすと周《まわ》りが見にくくなるので、車などに注意《ちゅうい》しましょう。

●衣服《いふく》で調節《ちょうせつ》しよう
この時期《じき》は、むしむしと暑《あつ》い日もあれば、雨が降《ふ》って肌寒《はださむ》い日もあります。脱《ぬ》ぎ着《き》のできる上着《うわぎ》やシャツで上手《じょうず》に調節《ちょうせつ》しましょう。

プールが始まります

そろそろプール開《びら》きの季節《きせつ》になりました。水の得意《とくい》な人も苦手《にがて》な人もいることでしょう。どちらにしても、元気《げんき》に楽《たの》しくプールに入るためには、次のことをお願《ねが》いします。

①耳鼻科健康診断《じびかけんこうしんだん》の結果《けっか》、治療《ちりょう》が必要《ひつよう》な人
『耳あか』と『中耳炎《ちゅうじえん》』と言われた人は、必ず耳鼻科《じびか》で治療《ちりょう》をしてからプールに入りましょう。校医《こうい》の松本先生から、「耳の病気《びょうき》がプールに入ることで悪くなってしまいます。」とお話がありました。

②手足の爪《つめ》が伸《の》びている人
保健室《ほけんしつ》で、つめの長い人を見かけます。長いつめは、人にけがをさせることもあります。自分と友だちのために切りましょう。

③寝不足《ねぶそく》の人
朝、すっきり起きられない人は寝《ね》不足《ぶそく》かもしれません。もう少し早く寝《ね》ましょう。

6月4日から6月10日までの1週間を歯《は》の衛生《えいせい》週間《しゅうかん》といって、歯《は》の健康《けんこう》について改《あらた》めて考《かんが》えたり行動《こうどう》する週間《しゅうかん》です。久下小学校では6月中に【歯《は》みがきテスト&歯《は》ブラシチェック】・【歯《は》みがきカレンダー】・【歯《は》の健康《けんこう》に関《かん》する作品制作《さくひんせいさく》】・【むし歯《ば》予防集会《よぼうしゅうかい》】を予定《よてい》しています。

じょうずにはみがき 2年生はここがポイント

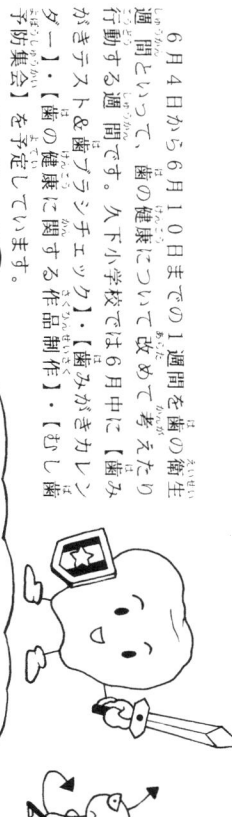

2年生は、**前歯《まえば》の外側《そとがわ》がきれいにみがける**ようになりましょう。そのためには、はみがきの**基本《きほん》**である**歯《は》ブラシの毛先《けさき》の使《つか》い方がわかる**ことがたいせつです。

1本の歯《は》の表面《ひょうめん》を3つに分けて考《かんが》えます。

中央《ちゅうおう》は、毛先全面《けさきぜんめん》を使ってみがく。

左の部分《ぶぶん》はわきでみがく。

右の部分《ぶぶん》もわきでみがく。

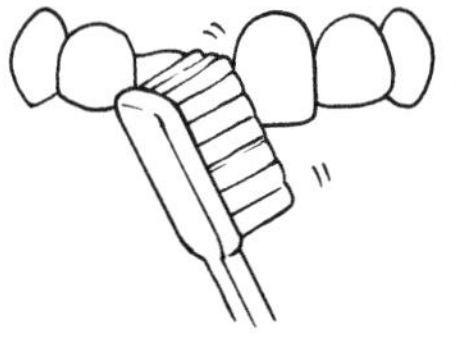

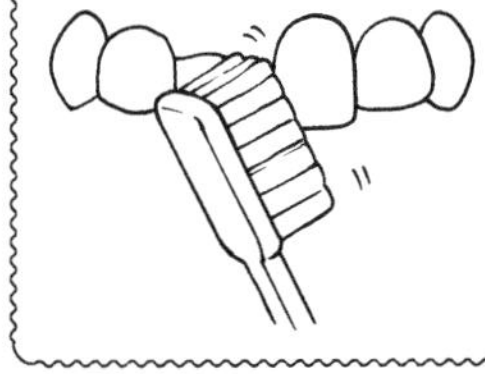

ぬけた歯《は》のとなりのみがき方
歯《は》ブラシをたてにしたり、ななめにしたり、毛先《けさき》を使っててていねいにみがくように工夫《くふう》しましょう。

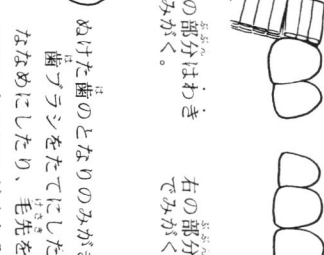

毛先《けさき》の部分《ぶぶん》の名前《なまえ》

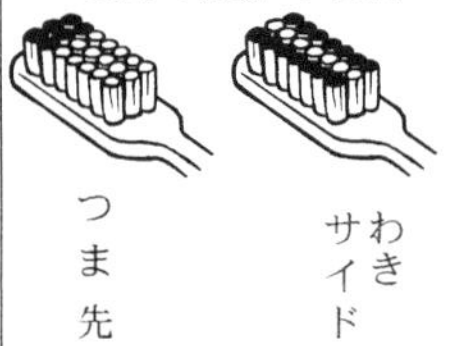

歯《は》みがきテストで
赤く染《そ》まりやすいところ
（食べかすがつきやすく取れにくいところ）

①歯《は》と歯肉《しにく》の間《あいだ》

②歯《は》と歯《は》の間《あいだ》

③歯《は》のたてのすじ

④生《は》えかけの歯《は》

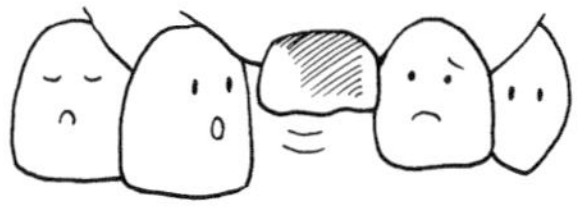

⑤歯並《はなら》びの悪《わる》いところ

ほけんだより 6月

熊谷市立久下小学校　保健室
Ｈ１９．６．６
3年生

6月の保健目標
歯《は》みがきをして
むし歯《ば》を防《ふせ》ごう

さわやかな日が続《つづ》き、外遊《そとあそ》びもたくさんできます。梅雨《つゆい》入りも間近《まぢか》のようですが、今のうちに外遊《そとあそ》びで体　力《たいりょく》づくりをしましょう。
今月は、歯《は》の衛生週間《えいせいしゅうかん》がありますが、５年の林《りん》間学校《かんがっこう》と重《かさ》なるので、時期《じき》をずらして少し長めに取《と》り組《く》む予定《よてい》です。

梅雨どきの健康

梅雨入りは、まだですが、下のようなことに気をつけて過ごせるといいですね。

●食中毒《しょくちゅうどく》に気をつける
食《た》べ物《もの》がくさったり、カビが生《は》えやすい時期《じき》です。食事《しょくじ》の前には手をよく洗《あら》い、食　品《しょくひん》は早めに食《た》べるようにしましょう。

●けがや事故《じこ》に注意《ちゅうい》
雨で、道路《どうろ》や建物《たてもの》の床《ゆか》がすべりやすくなっています。また、かさをさすと周《まわ》りが見にくくなるので、車などに注意《ちゅうい》しましょう。

●衣服《いふく》で調　節《ちょうせつ》しよう
この時期《じき》は、むしむしと暑《あつ》い日もあれば、雨が降《ふ》って肌寒《はださむ》い日もあります。脱《ぬ》ぎ着《き》のできる上着《うわぎ》やシャツで上手《じょうず》に調　節《ちょうせつ》しましょう。

プールが始まります

そろそろプール開《びら》きの季節《きせつ》になりました。水の得意《とくい》な人も苦手《にがて》な人もいることでしょう。どちらにしても、元気《げんき》に楽《たの》しくプールに入るためには、次のことをお願《ねが》いします。

①耳鼻科健康診断《じびかけんこうしんだん》の結果《けっか》、治療《ちりょう》が必要《ひつよう》な人
『耳あか』と『中耳炎《ちゅうじえん》』と言われた人は、必ず耳鼻科《じびか》で治療《ちりょう》をしてからプールに入りましょう。校医《こうい》の松本先生から、「耳の病気《びょうき》がプールに入ることで悪くなってしまいます。」とお話がありました。

②手足の爪《つめ》が伸《の》びている人

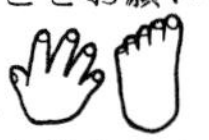

保健室《ほけんしつ》で、つめの長い人を見かけます。長いつめは、人にけがをさせることもあります。自分と友だちのために切りましょう。

③寝不足《ねぶそく》の人
朝、すっきり起きられない人は寝《ね》不足《ぶそく》かもしれません。もう少し早く寝《ね》ましょう。

６月４日から６月１０日までの１週間を歯《は》の衛生《えいせい》週　間《しゅうかん》といって、歯《は》の健康《けんこう》について改《あらた》めて考《かんが》えたり行動《こうどう》する週　間《しゅうかん》です。久下小学校では６月中に【歯《は》みがきテスト＆歯《は》ブラシチェック】・【歯《は》みがきカレンダー】・【歯《は》の健康《けんこう》に関《かん》する作品制作《さくひんせいさく》】・【むし歯《ば》予防集会《よぼうしゅうかい》】を予定《よてい》しています。

じょうずにはみがき
3年生はここがポイント

３年生は、**前歯《まえば》の内側《うちがわ》がきれいにみがける**ようになりましょう。**合わせ鏡《かがみ》で歯《は》の内側《うちがわ》を観察《かんさつ》できる**といいですね。

例）下の前歯《まえば》、内側《うちがわ》のみがき方

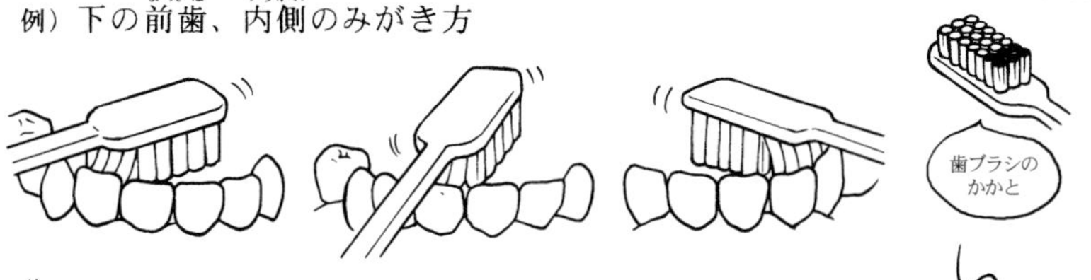

歯《は》ブラシのかかとを使って、１本ずつみがくときれいになります。このとき、内側《うちがわ》から、外にかき出すようにみがいたり、小さく振動《しんどう》させるように歯《は》ブラシを動かしてみましょう。どのやり方が、きれいにるのか、いろいろ工夫してみてください。

上の前歯《まえば》のみがき方→

歯《は》みがきテストで赤く染《そ》まりやすいところ
（食べかすがつきやすく取れにくいところ）

①内側《うちがわ》の凹凸《おうとつ》

②歯《は》と歯肉の間

③歯《は》と歯《は》の間

④ぬけた歯《は》のとなり

①～④は、ていねいにみがいてね。

合わせ鏡《かがみ》で歯《は》の内側《うちがわ》を見てみよう
（おうちの人と一緒《いっしょ》に）

噛《か》んでも割《わ》れない鏡《かがみ》があれば、下の絵のように歯《は》の内側《うちがわ》を見てみましょう。割《わ》れない鏡《かがみ》で歯《は》の内側《うちがわ》を映《うつ》し、それを大きめのもう一枚の鏡《かがみ》で見ることができます。

ほけんだより6月

熊谷市立久下小学校　保健室
Ｈ１９．６．６

4年生

さわやかな日が続《つづ》き、外遊《そとあそ》びもたくさんできます。梅雨《つゆ》入《い》りも間近《まぢか》のようですが、今のうちに外遊《そとあそ》びで体力《たいりょく》づくりをしましょう。

今月は、歯《は》の衛生週間《えいせいしゅうかん》がありますが、５年の林間学校《りんかんがっこう》と重《かさ》なるので、時期《じき》をずらして少し長めに取《と》り組《く》む予定《よてい》です。

梅雨どきの健康

梅雨入りは、まだですが、下のようなことに気をつけて過ごせるといいですね。

●食中毒《しょくちゅうどく》に気をつける

食《た》べ物《もの》がくさったり、カビが生《は》えやすい時期《じき》です。食事《しょくじ》の前には手をよく洗《あら》い、食品《しょくひん》は早めに食《た》べるようにしましょう。

●けがや事故《じこ》に注意《ちゅうい》

雨で、道路《どうろ》や建物《たてもの》の床《ゆか》がすべりやすくなっています。また、かさをさすと周《まわ》りが見にくくなるので、車などに注意《ちゅうい》しましょう。

●衣服《いふく》で調節《ちょうせつ》しよう

この時期《じき》は、むしむしと暑《あつ》い日もあれば、雨が降《ふ》って肌寒《はださむ》い日もあります。脱《ぬ》ぎ着《き》のできる上着《うわぎ》やシャツで上手《じょうず》に調節《ちょうせつ》しましょう。

プールが始まります

そろそろプール開《びら》きの季節《きせつ》になりました。水の得意《とくい》な人も苦手《にがて》な人もいることでしょう。どちらにしても、元気《げんき》に楽《たの》しくプールに入るためには、次のことをお願《ねが》いします。

①耳鼻科健康診断《じびかけんこうしんだん》の結果《けっか》、治療《ちりょう》が必要《ひつよう》な人

『耳あか』と『中耳炎《ちゅうじえん》』と言われた人は、必ず耳鼻科《じびか》で治療《ちりょう》をしてからプールに入りましょう。校医《こうい》の松本先生から、「耳の病気《びょうき》がプールに入ることで悪くなってしまいます。」とお話がありました。

②手足の爪《つめ》が伸《の》びている人

保健室《ほけんしつ》で、つめの長い人を見かけます。長いつめは、人にけがをさせることもあります。自分と友だちのために切りましょう。

③寝不足《ねぶそく》の人

朝、すっきり起きられない人は寝《ね》不足《ぶそく》かもしれません。もう少し早く寝《ね》ましょう。

6月4日から6月10日までの1週間を歯《は》の衛生《えいせい》週間《しゅうかん》といって、歯《は》の健康《けんこう》について改《あらた》めて考《かんが》えたり行動《こうどう》する週間《しゅうかん》です。久下小学校では6月中に【歯《は》みがきテスト＆歯《は》ブラシチェック】・【歯《は》みがきカレンダー】・【歯《は》の健康《けんこう》に関《かん》する作品制作《さくひんせいさく》】・【むし歯《ば》予防集会《よぼうしゅうかい》】を予定《よてい》しています。

じょうずにはみがき
4年生はここがポイント

4年生は、**小臼歯《しょうきゅうし》がきれいにみがける**ようになりましょう。小臼歯《しょうきゅうし》は上下左右全部で8本あります。その**小臼歯《しょうきゅうし》の外側《そとがわ》・内側《うちがわ》・かみ合わせ面をきれいにみがける**ように工夫《くふう》してみましょう。

【歯の種類《しゅるい》とその働《はたら》き】

小臼歯《しょうきゅうし》の役目は、食べ物をかみくだいたり、引きさくことです。

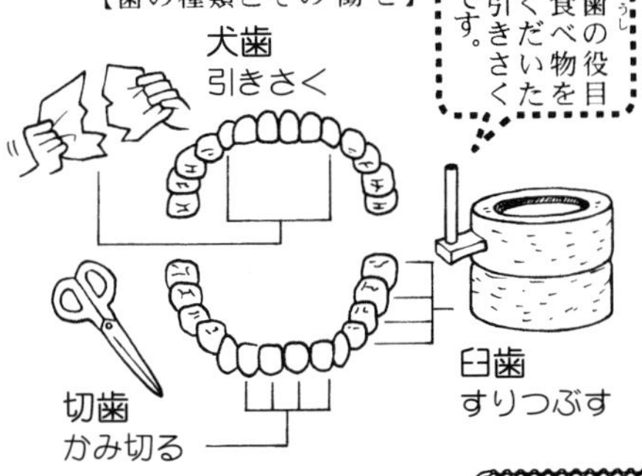

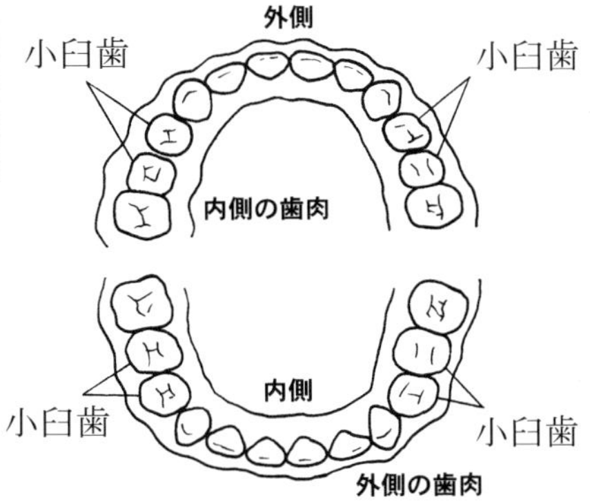

【歯ブラシの毛先の使い分け】

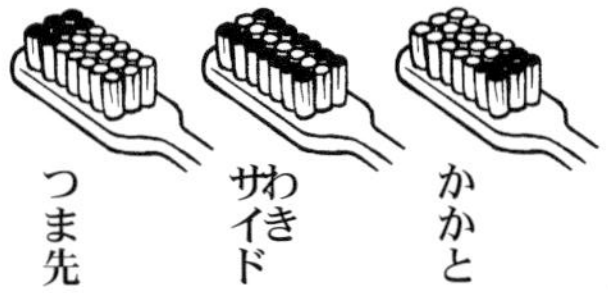

臼歯《きゅうし》のみがき方

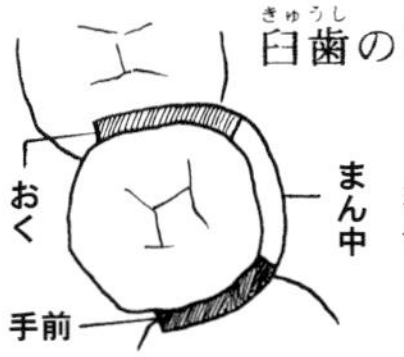

歯の面をおく側、まん中、手前側の3つに分けて考えます。

歯ブラシは、小刻《こきざ》みに動かします。

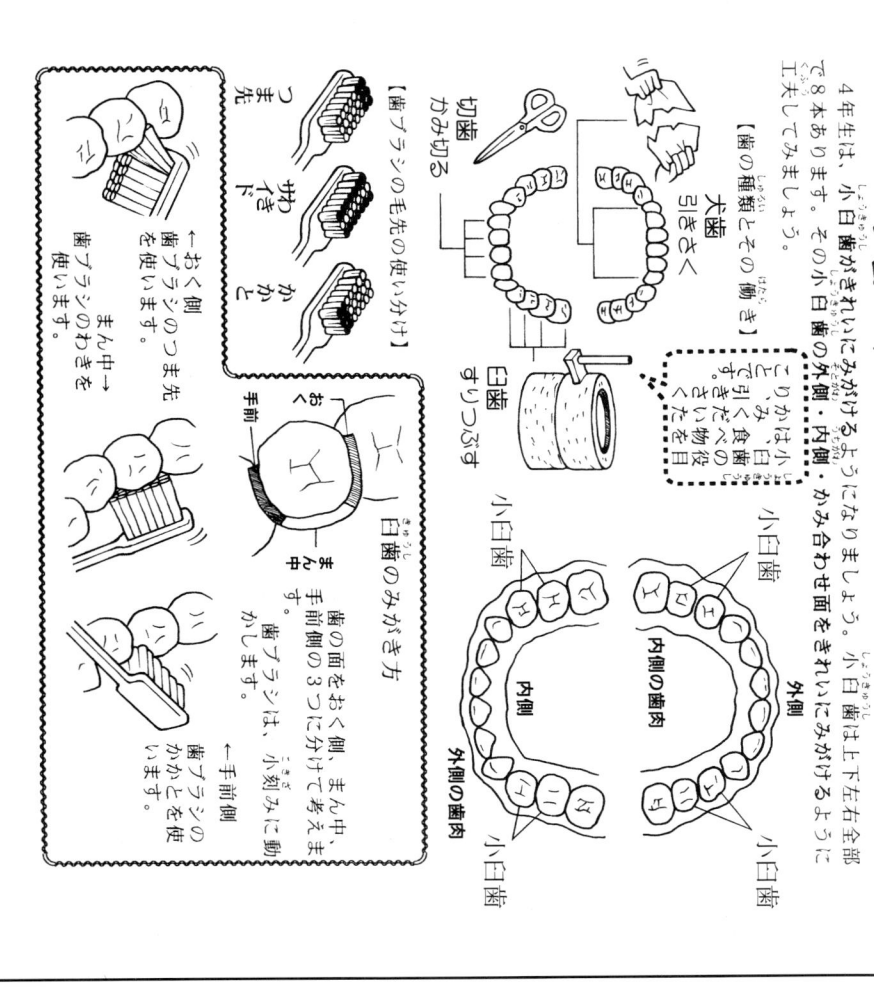

←おく側
歯ブラシのつま先を使います。

まん中→
歯ブラシのわきを使います。

←手前側
歯ブラシのかかとを使います。

ほけんだより 6月

熊谷市立久下小学校　保健室
Ｈ19．6．6

5年生

6月の保健目標
歯《は》みがきをして
むし歯《ば》を防《ふせ》ごう

さわやかな日が続《つづ》き、外遊《そとあそ》びもたくさんできます。梅雨入《つゆい》りも間近《まぢか》のようですが、今のうちに外遊《そとあそ》びで体　力《たいりょく》づくりをしましょう。

今月は、歯《は》の衛生週間《えいせいしゅうかん》がありますが、５年の林《りん》間学校《かんがっこう》と重《かさ》なるので、時期《じき》をずらして少し長めに取《と》り組《く》む予定《よてい》です。

梅雨どきの健康

健康

梅雨入りは、まだですが、下のようなことに気をつけて過ごせるといいですね。

●食中毒《しょくちゅうどく》に気をつける

食《た》べ物《もの》がくさったり、カビが生《は》えやすい時期《じき》です。食事《しょくじ》の前には手をよく洗《あら》い、食品《しょくひん》は早めに食《た》べるようにしましょう。

●けがや事故《じこ》に注意《ちゅうい》

雨で、道路《どうろ》や建物《たてもの》の床《ゆか》がすべりやすくなっています。また、かさをさすと周《まわ》りが見にくくなるので、車などに注意《ちゅうい》しましょう。

●衣服《いふく》で調節《ちょうせつ》しよう

この時期《じき》は、むしむしと暑《あつ》い日もあれば、雨が降《ふ》って肌寒《はださむ》い日もあります。脱《ぬ》ぎ着《き》のできる上着《うわぎ》やシャツで上手《じょうず》に調節《ちょうせつ》しましょう。

プールが始まります

そろそろプール開《びら》きの季節《きせつ》になりました。水の得意《とくい》な人も苦手《にがて》な人もいることでしょう。どちらにしても、元気《げんき》に楽《たの》しくプールに入るためには、次のことをお願《ねが》いします。

①耳鼻科健康診断《じびかけんこうしんだん》の結果《けっか》、治療《ちりょう》が必要《ひつよう》な人

『耳あか』と『中耳炎《ちゅうじえん》』と言われた人は、必ず耳鼻科《じびか》で治療《ちりょう》をしてからプールに入りましょう。校医《こうい》の松本先生から、「耳の病気《びょうき》がプールに入ることで悪くなってしまいます。」とお話がありました。

②手足の爪《つめ》が伸《の》びている人

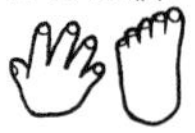

保健室《ほけんしつ》で、つめの長い人を見かけます。長いつめは、人にけがをさせることもあります。自分と友だちのために切りましょう。

③寝不足《ねぶそく》の人

朝、すっきり起きられない人は寝《ね》不足《ぶそく》かもしれません。もう少し早く寝《ね》ましょう。

上手に歯みがき
5年生はここがポイント

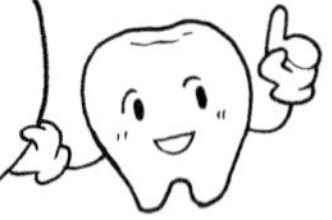

５年生は、**第一大臼歯《だいいちだいきゅうし》と第二大臼歯《だいにだいきゅうし》がきれいにみがける**ようになりましょう。大臼歯《だいきゅうし》は全部生えると上下左右合わせて８本あります。その大臼歯《だいきゅうし》の**内側・外側・かみ合わせ面に歯ブラシの毛先が届《とど》く**ように工夫《くふう》してみがきましょう。それから、犬歯《けんし》もきれいにみがけるようになりましょう。また、**歯科健康診断《しかけんこうしんだん》で歯肉《しにく》の状態《じょうたい》が**「１または２」といわれた人は、**歯みがきで歯肉炎《しにくえん》が改善《かいぜん》できる**ようにがんばりましょう。

大臼歯《だいきゅうし》のみがき方

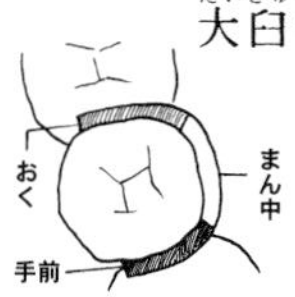
おく
まん中
手前

歯の面をおく側、まん中、手前側の３つに分けて考えます。
歯ブラシは、小刻《こきざ》みに動かします。

←おく側
歯ブラシのつま先を使います。

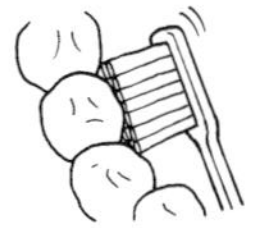

中央部↑
歯ブラシのわきをつかう。

←手前側
歯ブラシのかかとを使います。

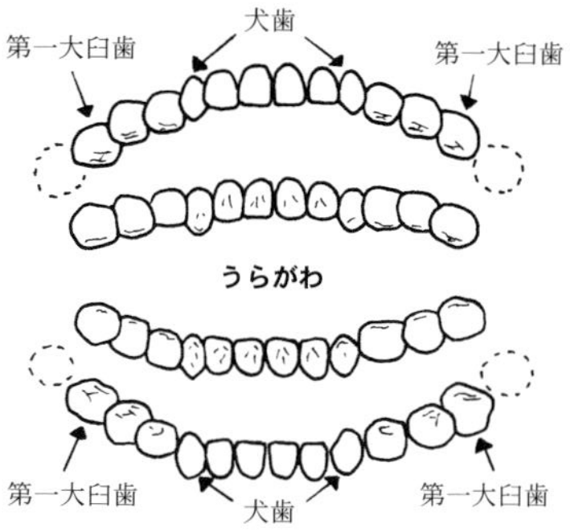
第一大臼歯
犬歯
第一大臼歯
うらがわ
第一大臼歯
犬歯
第一大臼歯

◌＝**第二大臼歯の生える位置**

前歯のみがき方

１本の歯の表面を３つに分けて考えます。

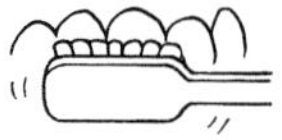

中央は、毛先全面を使ってみがく。

左の部分はわきでみがく。

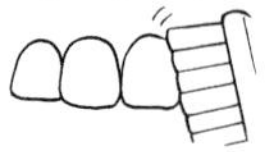

右の部分もわきでみがく。

歯みがきテストで
赤く染《そ》まりやすい所（犬歯《けんし》）
（食べかすが取れにくい所）

①歯と歯肉の間

②歯と歯の間

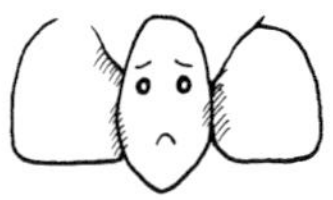

③歯のたてのすじ

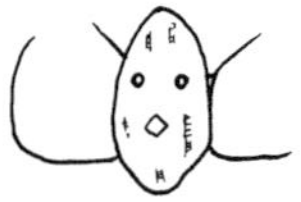

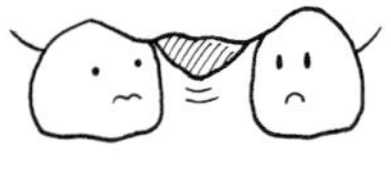

④生えかけの歯

⑤歯並《なら》びの悪い所

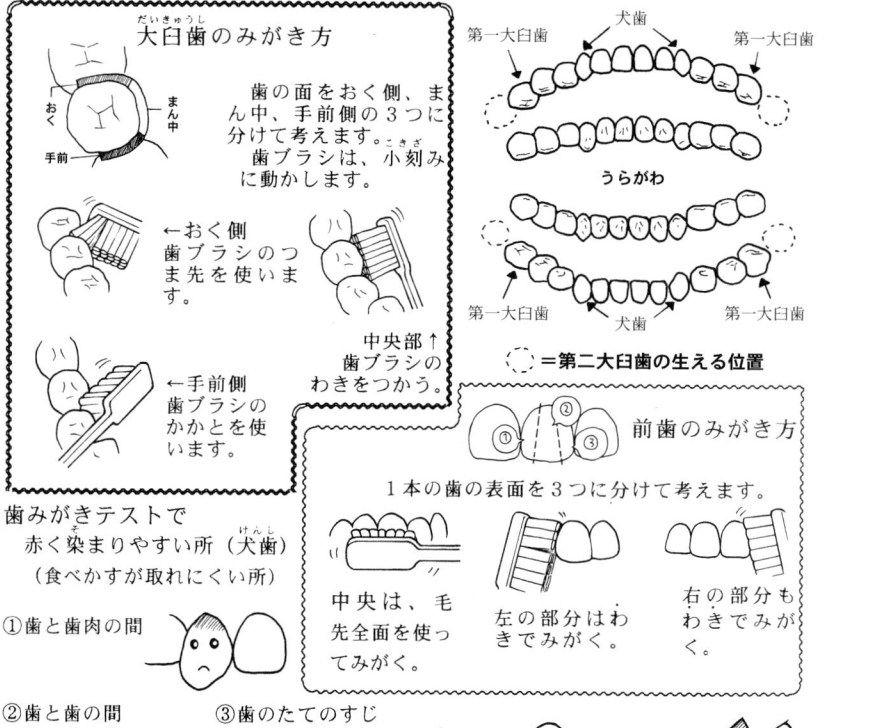

ほけんだより 6月

熊谷市立久下小学校　保健室
H19．6．6
6年生

6月の保健目標
歯《は》みがきをして
むし歯《ば》を防《ふせ》ごう

　さわやかな日が続《つづ》き、外遊《そとあそ》びもたくさんできます。梅雨《つゆ》入りも間近《まぢか》のようですが、今のうちに外遊《そとあそ》びで体力《たいりょく》づくりをしましょう。
　今月は、歯《は》の衛生週間《えいせいしゅうかん》がありますが、5年の林間学校《りんかんがっこう》と重《かさ》なるので、時期《じき》をずらして少し長めに取《と》り組《く》む予定《よてい》です。

梅雨どきの健康

梅雨入りは、まだですが、下のようなことに気をつけて過ごせるといいですね。

●食中毒《しょくちゅうどく》に気をつける
　食《た》べ物《もの》がくさったり、カビが生《は》えやすい時期《じき》です。食事《しょくじ》の前には手をよく洗《あら》い、食品《しょくひん》は早めに食《た》べるようにしましょう。

●けがや事故《じこ》に注意《ちゅうい》
　雨で、道路《どうろ》や建物《たてもの》の床《ゆか》がすべりやすくなっています。また、かさをさすと周《まわ》りが見にくくなるので、車などに注意《ちゅうい》しましょう。

●衣服《いふく》で調節《ちょうせつ》しよう
　この時期《じき》は、むしむしと暑《あつ》い日もあれば、雨が降《ふ》って肌寒《はださむ》い日もあります。脱《ぬ》ぎ着《き》のできる上着《うわぎ》やシャツで上手《じょうず》に調節《ちょうせつ》しましょう。

プールが始まります

　そろそろプール開《びら》きの季節《きせつ》になりました。水の得意《とくい》な人も苦手《にがて》な人もいることでしょう。どちらにしても、元気《げんき》に楽《たの》しくプールに入るためには、次のことをお願《ねが》いします。

①耳鼻科健康診断《じびかけんこうしんだん》の結果《けっか》、治療《ちりょう》が必要《ひつよう》な人
　『耳あか』と『中耳炎《ちゅうじえん》』と言われた人は、必ず耳鼻科《じびか》で治療《ちりょう》をしてからプールに入りましょう。校医《こうい》の松本先生から、「耳の病気《びょうき》がプールに入ることで悪くなってしまいます。」とお話がありました。

②手足の爪《つめ》が伸《の》びている人
　保健室《ほけんしつ》で、つめの長い人を見かけます。長いつめは、人にけがをさせることもあります。自分と友だちのために切りましょう。

③寝不足《ねぶそく》の人
　朝、すっきり起きられない人は寝《ね》不足《ぶそく》かもしれません。もう少し早く寝《ね》ましょう。

上手に歯みがき
6年生はここがポイント

　6年生は、**すべての歯をきれいにみがくことが出来る**ようになりましょう。また、歯科健康診断《しかけんこうしんだん》で歯肉《しにく》の状態《じょうたい》が「1または2」といわれた人は、**歯みがきで歯肉炎《しにくえん》が改善《かいぜん》できる**ようにがんばりましょう。

【歯みがきの基本】

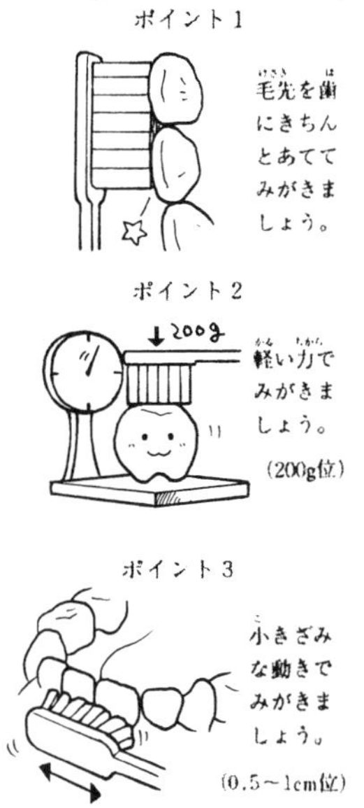

ポイント1
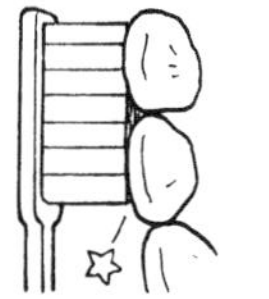
毛先《けさき》を歯《は》にきちんとあてて みがきましょう。

ポイント2
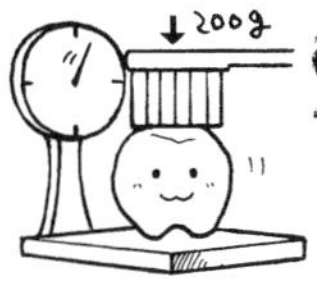
200g
軽《かる》い力《ちから》でみがきましょう。
(200g位)

ポイント3
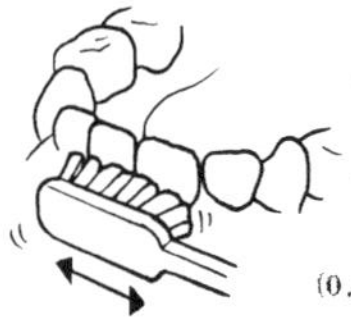
小きざみな動きでみがきましょう。
(0.5～1cm位)

【歯ブラシの動かし方】

奥歯のみがき方

奥側は、つま先を使う。
中央部は、わきを使う。
手前側は　かかとを使う。

上の前歯の外側のみがき方

中央部は、毛先全面を使ってみがく。
左側部は、わきでみがく。
右側部も、わきでみがく。

下の前歯の内側のみがき方

かかとを使って、1本ずつみがいていくとよい。

【歯肉炎《しにくえん》にかかるとどうなるの】
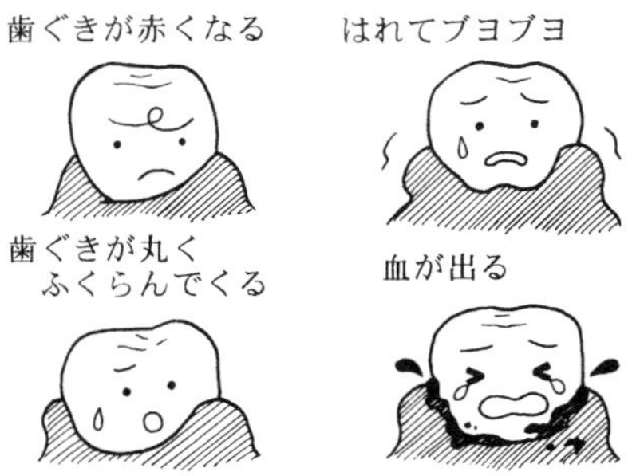
歯ぐきが赤くなる
はれてブヨブヨ
歯ぐきが丸くふくらんでくる
血が出る

【歯肉炎《しにくえん》の原因となる歯垢《しこう》】
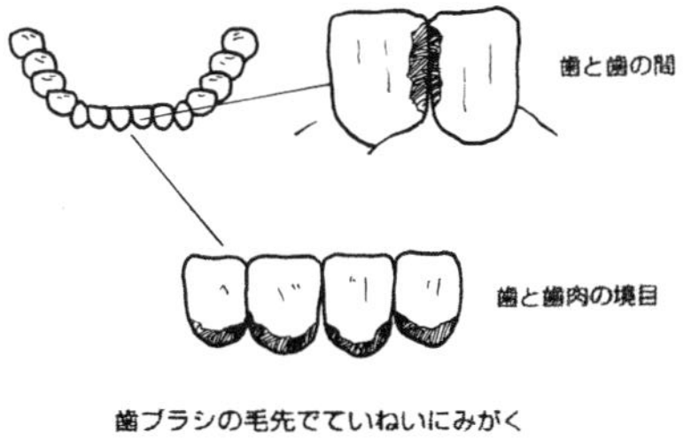
歯と歯の間
歯と歯肉の境目
歯ブラシの毛先でていねいにみがく

ほけんだより7月

久下小学校　保健室
H19．7．13
1年生用

梅雨明《つゆあ》けまで、あともう少しです。蒸《む》し暑《あつ》かったりはだ寒《さむ》かったりするためでしょうか、体調《たいちょう》のすぐれない人がいます。そろそろ寝冷《ねび》えの症状《しょうじょう》の人も、保健室《ほけんしつ》に来《く》るようになってきました。寝《ね》るときの部屋《へや》の環境《かんきょう》はどうでしょうか？エアコンをつけたままだったり、扇風機《せんぷうき》の風《かぜ》が一晩中《ひとばんじゅう》体に直接《ちょくせつ》当たったまま寝《ね》ていませんか？

身体測定の結果

性別	学年	身　長（cm）	体　重（kg）	座　高（cm）
男子	1	117．5	23．2	65．6
	2	121．9	24．1	67．9
	3	130．5	29．8	71．7
	4	132．1	30．1	72．3
	5	138．7	33．7	75．0
	6	145．6	40．2	77．9
女子	1	115．5	20．4	64．6
	2	121．9	23．1	68．1
	3	126．9	25．8	69．8
	4	133．9	31．3	73．7
	5	138．1	32．6	75．0
	6	147．1	38．4	78．8

４月に行われた身体測定《しんたいそくてい》の結果《けっか》です。これは，成長《せいちょう》の目安《めやす》であって，自分《じぶん》の結果《けっか》が，この数字《すうじ》より大きいとか小さいとか比《くら》べて，良《よ》い悪《わる》いを決《き》めるものではありません。バランス良く成長《せいちょう》していることが一番大事《いちばんだいじ》なことです。

健康手帳《けんこうてちょう》が返《かえ》されたら，自分《じぶん》のからだのバランスを確《たし》かめてみましょう。

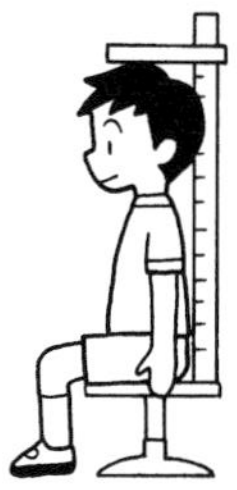

☆裏面に歯みがきカレンダー・歯みがきテスト＆歯ブラシチェックの感想があります。ご覧ください。

おうちの方へ　　　歯の衛生週間記念行事《えいせいしゅうかんきねんぎょうじ》の作品展《さくひんてん》

６月中に各クラスで取り組んだ、絵・ポスター・標語《ひょうご》の中で優《すぐ》れた作品を保健室《ほけんしつ》の廊下《ろうか》に展示《てんじ》してあります。プール開放終了日《かいほうしゅうりょうび》まで展示《てんじ》しますので、ぜひ、一度お立ち寄り下さい。

なつをげんきにすごそう

晴《は》れている日《ひ》は、かならず、ぼうしをかぶって外《そと》に出《で》ましょう。
夏《なつ》の太陽《たいよう》の光《ひかり》は、からだによくありません。体温《たいおん》が上《あ》がりすぎて、具合《ぐあい》が悪《わる》くなります。（熱中症《ねっちゅうしょう》）

あつくて、たくさん汗《あせ》をかくときには、のみ物《もの》をのむことを忘《わす》れないで。からだの中《なか》の水分《すいぶん》が汗《あせ》で流《なが》れ出《で》てしまいます。
でも、あまいのみ物《もの》は食欲《しょくよく》がなくなるので「茶《ちゃ》」のつくのみ物《もの》にしましょう。

健康診断《けんこうしんだん》のあと、「ちりょうのお勧《すす》め」を渡《わた》された人《ひと》がいます。そのうち、半分《はんぶん》の人《ひと》はちりょうや検査《けんさ》が終《おわ》りました。まだの人《ひと》は、夏休《なつやすみ》み中《ちゅう》にお医者《いしゃ》さんに行《い》って診《み》ていただきましょう。

暑《あつ》いからといってねる時《とき》にクーラーをつけたままだとね冷《び》えをします。お腹《なか》が痛《いた》くなったり、熱《ねつ》が出《で》てしまいます。暑《あつ》くてねむれない時《とき》は、頭《あたま》を水枕《みずまくら》で冷《ひや》やしてねると気持《きも》ちがいいですよ。

1年生の歯みがきカレンダーと歯みがきテスト＆歯ブラシチェックの感想・反省・がんばること

あなたは、なんてかいたかな？　おともだちは、どんなことかいているかな？　よんでみましょう。

食《た》べたあとの歯《は》みがきは、きちんとできたかな？感想《かんそう》や反省《はんせい》をかいてね

はが、きれいにみえました

おうちの方からお子さんへの励《はげ》ましやアドバイスをお願《ねが》いします

あさは　ロぶくだけで　みがかないので、これからは
あさも　きちんと　みがこう!!

食《た》べたあとの歯《は》みがきは、きちんとできたかな？感想《かんそう》や反省《はんせい》をかいてね

たべたあとにきちんとはをみがいたよ。
すっきりしたよ。

おうちの方からお子さんへの励《はげ》ましやアドバイスをお願《ねが》いします

おとなのはが　だんだん　はえてきましたね．むしばにならないよう
これからも　まいにち．はみがき　がんばってね。

食《た》べたあとの歯《は》みがきは、きちんとできたかな？感想《かんそう》や反省《はんせい》をかいてね

はやくきちんとみがいてるよ。
みがいてるよ。

おうちの方からお子さんへの励《はげ》ましやアドバイスをお願《ねが》いします

ねるまえのはみがきは　ねむいのをがんばって　しましたね。
もうちょっと　ていねいにみがこうね

食《た》べたあとの歯《は》みがきは、きちんとできたかな？感想《かんそう》や反省《はんせい》をかいてね

はみがきをしかりしているよ。

おうちの方からお子さんへの励《はげ》ましやアドバイスをお願《ねが》いします

これからもしあげみがきをつづけてかがみをつかってれんしゅうしていきましょう。

歯《は》みがき上手《じょうず》になるために今日《きょう》からがんばること

もっともっとじょうずになる

おうちの方からお子さんへの励《はげ》ましやアドバイスをお願《ねが》いします

いっしょうけんめい
じょうずに　みがけていましたね。すごいです。これから「おとなの　は」が
ふえるので、たいせつにしようね。

歯《は》みがき上手《じょうず》になるために今日《きょう》からがんばること

はぐきをよくみがく

おうちの方からお子さんへの励《はげ》ましやアドバイスをお願《ねが》いします

したのはは　きれいにみがけているので、うえのはをみがくときにはぐき
とのあいだをみがくようにすると、ピカピカのはです！

歯《は》みがき上手《じょうず》になるために今日《きょう》からがんばること

3ぷんかんよくみがこう。

おうちの方からお子さんへの励《はげ》ましやアドバイスをお願《ねが》いします

まいにち　あさ、ひる、よるとはぶらししようね。おくばのうちがわはみがきずら
いから、ゆっくりとじかんをかけてみがきましょう。ママもしあげみがきしっかりするよ。

歯《は》みがき上手《じょうず》になるために今日《きょう》からがんばること

しっかりはみがきが、できること。

おうちの方からお子さんへの励《はげ》ましやアドバイスをお願《ねが》いします

あまりにも　あかかったから　びっくりだったね。でもこれから、いっぱん、
いっぱん　もっと　ていねいにやるきっかけになってよかったよ。いっしょにがんばろう。

編集注：P58「ほけんだより」の裏面

ほけんだより7月

久下小学校　保健室
H19．7．13
2年生用

梅雨明《つゆあ》けまで、あともう少しです。蒸《む》し暑《あつ》かったりはだ寒《さむ》かったりするためでしょうか、体調《たいちょう》のすぐれない人がいます。そろそろ寝冷《ねび》えの症状《しょうじょう》の人も、保健室《ほけんしつ》に来《く》るようになってきました。寝《ね》るときの部屋《へや》の環境《かんきょう》はどうでしょうか？エアコンをつけたままだったり、扇風機《せんぷうき》の風《かぜ》が一晩中《ひとばんじゅう》体に直接《ちょくせつ》当たったまま寝《ね》ていませんか？

7月の保健目標
健康《けんこう》な
生活《せいかつ》リズムを
保《たも》とう

身体測定の結果

性別	学年	身長（cm）	体重（kg）	座高（cm）
男子	1	117．5	23．2	65．6
	2	121．9	24．1	67．9
	3	130．5	29．8	71．7
	4	132．1	30．1	72．3
	5	138．7	33．7	75．0
	6	145．6	40．2	77．9
女子	1	115．5	20．4	64．6
	2	121．9	23．1	68．1
	3	126．9	25．8	69．8
	4	133．9	31．3	73．7
	5	138．1	32．6	75．0
	6	147．1	38．4	78．8

4月に行われた身体測定《しんたいそくてい》の結果《けっか》です。これは，成長《せいちょう》の目安《めやす》であって，自分《じぶん》の結果《けっか》が，この数字《すうじ》より大きいとか小さいとか比《くら》べて，良《よ》い悪《わる》いを決《き》めるものではありません。バランス良く成長《せいちょう》していることが一番大事《いちばんだいじ》なことです。

健康手帳《けんこうてちょう》が返《かえ》されたら，自分《じぶん》のからだのバランスを確《たし》かめてみましょう。

☆裏面に歯みがきカレンダー・歯みがきテスト＆歯ブラシチェックの感想があります。ご覧ください。

おうちの方へ　　　歯の衛生週間記念行事《えいせいしゅうかんきねんぎょうじ》の作品展《さくひんてん》

6月中に各クラスで取り組んだ、絵・ポスター・標語《ひょうご》の中で優《すぐ》れた作品を保健室《ほけんしつ》の廊下《ろうか》に展示《てんじ》してあります。プール開放終了日《かいほうしゅうりょうび》まで展示《てんじ》しますので、ぜひ、一度お立ち寄り下さい。

なつを元気にすごそう

晴《は》れている日《ひ》は、かならず、ぼうしをかぶって外《そと》に出《で》ましょう。

夏《なつ》の太陽《たいよう》のつよい光《ひかり》は、からだによくありません。体温《たいおん》が上《あ》がりすぎて、具合《ぐあい》が悪《わる》くなります。

（熱中症《ねっちゅうしょう》）

あつくて、たくさん汗《あせ》をかくときには、飲《の》み物《もの》を飲《の》むことを忘《わす》れないで。

からだの中《なか》の水分《すいぶん》が汗《あせ》で流《なが》れ出《で》てしまいます。でも、あまい飲《の》み物《もの》は食欲《しょくよく》がなくなるので「茶《ちゃ》」のつく飲《の》み物《もの》にしましょう。

健康診断《けんこうしんだん》のあと、「ちりょうのお勧《すす》め」を渡《わた》された人《ひと》がいます。そのうち、半分《はんぶん》の人《ひと》はちりょうや検査《けんさ》が終《お》わりました。まだの人《ひと》は、夏休《なつやす》み中《ちゅう》にお医者《いしゃ》さんに行《い》って診《み》ていただきましょう。

暑《あつ》いからといってねる時《とき》にクーラーをつけたままだとね冷《び》えをします。お腹《なか》が痛《いた》くなったり、熱《ねつ》が出《で》てしまいます。暑《あつ》くてねむれない時《とき》は、頭《あたま》を水枕《みずまくら》で冷《ひ》やしてねると気持《きも》ちがいいですよ。

2年生の歯みがきカレンダーと歯みがきテスト＆歯ブラシチェックの感想・反省・がんばること

あなたは、なんて書いたかな？　お友だちは、どんなこと書いているかな？　読んでみましょう。

食《た》べたあとの歯《は》みがきは、きちんとできたかな？感想《かんそう》や反省《はんせい》をかいてね

たべたあとすぐにはをみがいたら、はとはのあいだにはいっていたかすが、でてきました。こんなにたまってたんだっておもいました。

おうちの方からお子さんへの励《はげ》ましやアドバイスをお願《ねが》いします

食べたらすぐに みがくようにしましょう。

食《た》べたあとの歯《は》みがきは、きちんとできたかな？感想《かんそう》や反省《はんせい》をかいてね

休の日のあさとよるは、やりませんでした。こんどは、休の日もちゃんとみがくようにします。

おうちの方からお子さんへの励《はげ》ましやアドバイスをお願《ねが》いします

休みの日は 気がゆるんでサボってしまいがちですが 毎日がんばって みがこうね！

食《た》べたあとの歯《は》みがきは、きちんとできたかな？感想《かんそう》や反省《はんせい》をかいてね

きちんと、1日に3かいできてよかったです。これからも まい日、朝ひるよる ちゃんと、はみがきをしたいです。

おうちの方からお子さんへの励《はげ》ましやアドバイスをお願《ねが》いします

1日3かい よく みがけました。むしばに なりやすい は なので、じぶんでも すすんで はみがきをしてください。

食《た》べたあとの歯《は》みがきは、きちんとできたかな？感想《かんそう》や反省《はんせい》をかいてね

16日はみがけませんでした。

おうちの方からお子さんへの励《はげ》ましやアドバイスをお願《ねが》いします

いっしょうけんめい取り組んでいました。1回だけ朝あわてていてできませんでしたが、あとは声をかければやっていましたね。これからも食べたら歯みがきをしよう。

歯《は》みがき上手《じょうず》になるために今日《きょう》からがんばること

おくばをきちんとみがこう

おうちの方からお子さんへの励《はげ》ましやアドバイスをお願《ねが》いします

下の歯《は》は、上手《じょうず》にみがけていたので、今《こん》どからは、上の歯もきれいにみがくようにがんばりましょう。

歯《は》みがき上手《じょうず》になるために今日《きょう》からがんばること

したのつけねのほうをきれいにみがくことがきょうからのがんばることです。

おうちの方からお子さんへの励《はげ》ましやアドバイスをお願《ねが》いします

1年生の時より きれいに みがけるようになりました。歯ブラシをかまないようにしましょう。

歯《は》みがき上手《じょうず》になるために今日《きょう》からがんばること

はをちゃんとみがいて、はをとけないようにする。

おうちの方からお子さんへの励《はげ》ましやアドバイスをお願《ねが》いします

ながくみがいていてもちゃんとおちていないこと、いっしょによごれをおとしたことをおぼえていてください。やればきれいになった しろいはをわすれないでいてほしいです。

歯《は》みがき上手《じょうず》になるために今日《きょう》からがんばること

きょうからはをもっともっとじょうずにがんばる。

おうちの方からお子さんへの励《はげ》ましやアドバイスをお願《ねが》いします

はい。もっともっとじょうずにがんばってね。ただみがくのではなくて、どこをみがいているかとか、みがきにくいかとか、いしきしてみがいてみてください。

編集注：P60「ほけんだより」の裏面

ほけんだより7月

久下小学校　保健室
H19．7．13
3年生用

梅雨明《つゆあ》けまで、あともう少しです。蒸《な》し暑《あつ》かったりはだ寒《さむ》かったりするためでしょうか、体調《たいちょう》のすぐれない人がいます。そろそろ寝冷《ねび》えの症状《しょうじょう》の人も、保健室《ほけんしつ》に来《く》るようになってきました。寝《ね》るときの部屋《へや》の環境《かんきょう》はどうでしょうか？エアコンをつけたままだったり、扇風機《せんぷうき》の風《かぜ》が一晩中《ひとばんじゅう》体に直接《ちょくせつ》当たったまま寝《ね》ていませんか？

身体測定の結果

性別	学年	身長（cm）	体重（kg）	座高（cm）
男子	1	117．5	23．2	65．6
	2	121．9	24．1	67．9
	3	130．5	29．8	71．7
	4	132．1	30．1	72．3
	5	138．7	33．7	75．0
	6	145．6	40．2	77．9
女子	1	115．5	20．4	64．6
	2	121．9	23．1	68．1
	3	126．9	25．8	69．8
	4	133．9	31．3	73．7
	5	138．1	32．6	75．0
	6	147．1	38．4	78．8

4月に行われた身体測定《しんたいそくてい》の結果《けっか》です。これは，成長《せいちょう》の目安《めやす》であって，自分《じぶん》の結果《けっか》が，この数字《すうじ》より大きいとか小さいとか比《くら》べて，良《よ》い悪《わる》いを決《き》めるものではありません。バランス良く成長《せいちょう》していることが一番大事《いちばんだいじ》なことです。

健康手帳《けんこうてちょう》が返《かえ》されたら，自分《じぶん》のからだのバランスを確《たし》かめてみましょう。

☆裏面に歯みがきカレンダー・歯みがきテスト＆歯ブラシチェックの感想があります。ご覧ください。

おうちの方へ　　歯の衛生週間記念行事《えいせいしゅうかんきねんぎょうじ》の作品展《さくひんてん》

6月中に各クラスで取り組んだ、絵・ポスター・標語《ひょうご》の中で優《すぐ》れた作品を保健室《ほけんしつ》の廊下《ろうか》に展示《てんじ》してあります。プール開放終了日《かいほうしゅうりょうび》まで展示《てんじ》しますので、ぜひ、一度お立ち寄り下さい。

なつを元気にすごそう

晴《はれ》れている日《ひ》は、必《かなら》ず、ぼうしをかぶって外《そと》に出《で》ましょう。
夏《なつ》の太陽《たいよう》の強《つよ》い光《ひかり》は、からだによくありません。体温《たいおん》が上がりすぎて、具合《ぐあい》が悪《わる》くなります。
（熱中症《ねっちゅうしょう》）

あつくて、たくさん汗《あせ》をかくときには、飲《の》み物《もの》を飲《の》むことを忘《わす》れないで。からだの中《なか》の水分《すいぶん》が汗《あせ》で流《なが》れ出《で》てしまいます。でも、あまい飲《の》み物《もの》は食欲《しょくよく》がなくなるので「茶《ちゃ》」のつく飲《の》み物《もの》にしましょう。

健康診断《けんこうしんだん》のあと、「治《ち》りょうのお勧《すす》め」を渡《わた》された人がいます。そのうち、半分《はんぶん》の人は治《ち》りょうや検査《けんさ》が終《お》わりました。まだの人は、夏休《なつやす》み中にお医者《いしゃ》さんに行って診《み》ていただきましょう。

暑《あつ》いからといって、ねる時にクーラーをつけたままだとね冷《び》えをします。お腹《なか》が痛《いた》くなったり、熱《ねつ》が出てしまいます。暑《あつ》くてねむれない時は、頭を氷枕《こおりまくら》で冷《ひ》やしてねると気持ちがいいですよ。

3年生の歯みがきカレンダーと歯みがきテスト＆歯ブラシチェックの感想・反省・がんばること

あなたは、なんて書いたかな？　お友だちは、どんなこと書いているかな？　読んでみましょう。

食《た》べたあとの歯《は》みがきは、きちんとできたかな？感想《かんそう》や反省《はんせい》をかいてね

おくのはみがきをがんばりたいと思いました。

おうちの方からお子さんへの励《はげ》ましやアドバイスをお願《ねが》いします

食後に、歯をみがくという気持ちが、今までよりも感じられるようになったように思います。つづけていこうね。

食《た》べたあとの歯《は》みがきは、きちんとできたかな？感想《かんそう》や反省《はんせい》をかいてね

16日と17日のあさとねるがちゃんとできませんでした。お休みのときも、こんどからちゃんと歯をみがきたいです。

おうちの方からお子さんへの励《はげ》ましやアドバイスをお願《ねが》いします

声をかけないとサボりがちなので、自分からすすんで歯みがきが出来るようにがんばってね。

食《た》べたあとの歯《は》みがきは、きちんとできたかな？感想《かんそう》や反省《はんせい》をかいてね

あさのはみがきをしたいです。

おうちの方からお子さんへの励《はげ》ましやアドバイスをお願《ねが》いします

朝、5分時間をとれば、できそうです。お母さんといっしょにがんばってみましょう。　えい！えい！オー‼

食《た》べたあとの歯《は》みがきは、きちんとできたかな？感想《かんそう》や反省《はんせい》をかいてね

やすみの日は、歯みがきをあまりしないので土日もがんばろうとおもいます。

おうちの方からお子さんへの励《はげ》ましやアドバイスをお願《ねが》いします

朝は、時間がなく、みじかかったり、夜は、ダラダラみがくことが気になります。ていねいに、気もちをこめて、みがいてください。

歯《は》みがき上手《じょうず》になるために今日《きょう》からがんばること

もっと歯みがき上手になるためにはみがきのコツをつかんで歯みがきを上手になりたいです。

おうちの方からお子さんへの励《はげ》ましやアドバイスをお願《ねが》いします

歯ならびが悪いのでうまくみがけないのだと思う。1本1本そうじするつもりでみがいて下さい

歯《は》みがき上手《じょうず》になるために今日《きょう》からがんばること

前歯のとなりの歯（両方）がみがけていなかったので、そこを、ていねいにみがいていきたい。みがき残《のこ》しをしないように全《ぜん》体をきちんとみがくようにしたい。

おうちの方からお子さんへの励《はげ》ましやアドバイスをお願《ねが》いします

こまかい所のみがき残しがまだあるようです。もう少し時間をかけて、ていねいにみがけると良いです。

歯《は》みがき上手《じょうず》になるために今日《きょう》からがんばること

おくばのみぞがあまりみがけていなかったから気をつけてみがく。

おうちの方からお子さんへの励《はげ》ましやアドバイスをお願《ねが》いします

おくばのみぞとうらがわにみがきのこしがあったので気をつけてみがきましょう。

歯《は》みがき上手《じょうず》になるために今日《きょう》からがんばること

前ばがしっかりみがけなかったのでしっかりみがこうと思った。

おうちの方からお子さんへの励《はげ》ましやアドバイスをお願《ねが》いします

前ばの内側をもう少しがんばりましょう。

編集注：P62「ほけんだより」の裏面

ほけんだより7月

久下小学校　保健室

Ｈ１９．７．１３
４年生用

梅雨《つゆ》明《あ》けまで、あともう少しです。蒸《な》し暑《あつ》かったりはだ寒《さむ》かったりするためでしょうか、体調《たいちょう》のすぐれない人がいます。そろそろ寝冷《ねび》えの症状《しょうじょう》の人も、保健室《ほけんしつ》に来《く》るようになってきました。寝《ね》るときの部屋《へや》の環境《かんきょう》はどうでしょうか？エアコンをつけたままだったり、扇風機《せんぷうき》の風《かぜ》が一晩中《ひとばんじゅう》体に直接《ちょくせつ》当たったまま寝《ね》ていませんか？

７月の保健目標
健康《けんこう》な
生活《せいかつ》リズムを
保《たも》とう

身体測定の結果

性別	学年	身長（cm）	体重（kg）	座高（cm）
男子	1	１１７．５	２３．２	６５．６
	2	１２１．９	２４．１	６７．９
	3	１３０．５	２９．８	７１．７
	4	１３２．１	３０．１	７２．３
	5	１３８．７	３３．７	７５．０
	6	１４５．６	４０．２	７７．９
女子	1	１１５．５	２０．４	６４．６
	2	１２１．９	２３．１	６８．１
	3	１２６．９	２５．８	６９．８
	4	１３３．９	３１．３	７３．７
	5	１３８．１	３２．６	７５．０
	6	１４７．１	３８．４	７８．８

４月に行われた身体測定《しんたいそくてい》の結果《けっか》です。これは，成長《せいちょう》の目安《めやす》であって，自分《じぶん》の結果《けっか》が，この数字《すうじ》より大きいとか小さいとか比《くら》べて，良《よ》い悪《わる》いを決《き》めるものではありません。バランス良く成長《せいちょう》していることが一番大事《いちばんだいじ》なことです。

健康手帳《けんこうてちょう》が返《かえ》されたら，自分《じぶん》のからだのバランスを確《たし》かめてみましょう。

☆裏面に歯みがきカレンダー・歯みがきテスト＆歯ブラシチェックの感想があります。ご覧ください。

おうちの方へ　　歯の衛生週間記念行事《えいせいしゅうかんきねんぎょうじ》の作品展《さくひんてん》

６月中に各クラスで取り組んだ、絵・ポスター・標語《ひょうご》の中で優《すぐ》れた作品を保健室《ほけんしつ》の廊下《ろうか》に展示《てんじ》してあります。プール開放終了日《かいほうしゅうりょうひ》まで展示《てんじ》しますので、ぜひ、一度お立ち寄り下さい。

なつを元気にすごそう

外に出る時は必《かなら》ず帽子《ぼうし》をかぶりましょう。

夏の太陽《たいよう》の暑《あつ》さは、体温が上がり過《す》ぎて、日射病《にっしゃびょう》や熱射病《ねっしゃびょう》になってしまいます。また、太陽《たいよう》から地球《ちきゅう》に届《とど》く紫外線《しがいせん》の量《りょう》が昔《むかし》より増《ふ》えているため、日に当たり過《す》ぎると健康《けんこう》によくないと言われています。

しかし、外気浴《がいきよく》といって外で過《す》ごすことが、みなさんの成長《せいちょう》にはとても大切です。帽子《ぼうし》をかぶって外遊びをしましょう。

たくさん汗《あせ》をかく時には、飲《の》み物を飲《の》むことを忘《わす》れないで。体の中の水分が汗《あせ》となって流《なが》れ出してしまい、脱水症状《だっすいしょうじょう》を起《お》こします。

だからといって、甘《あま》い飲《の》み物は食欲《しょくよく》がなくなり、夏バテの大きな原因《げんいん》の一つです。また、冷《ひ》た過《す》ぎると胃腸《いちょう》の働《はたら》きが悪くなり、食欲《しょくよく》が無《な》くなったり下痢《げり》をします。

「茶」のつく飲《の》み物を冷《ひ》たくし過《す》ぎずに飲《の》みましょう

健康診断《けんこうしんだん》のあと、「治療《ちりょう》の勧《すす》め」を渡《わた》された人がいます。

そのうち、半分の人は治療《ちりょう》や検査が終わりました。まだの人は、夏休み中にお医者さんに行って診《み》ていただきましょう。特にむし歯は自然に治ることはないので、必ず、歯医者さんに行きましょう。

暑《あつ》いからといって、ねる時にクーラーをつけたままだとね冷《ひ》えをします。お腹《なか》が痛《いた》くなったり、熱《ねつ》が出てしまいます。暑《あつ》くてねむれない時は、頭を氷枕《こおりまくら》で冷《ひ》やしてねると気持ちがいいですよ。

4年生の歯みがきカレンダーと歯みがきテスト＆歯ブラシチェックの感想・反省・がんばること

あなたは、なんて書いたかな？　お友だちは、どんなこと書いているかな？　読んでみましょう。

食《た》べたあとの歯《は》みがきは、きちんとできたかな？感想《かんそう》や反省《はんせい》をかいてね

かなかった日があってざんねんだった。

おうちの方からお子さんへの励《はげ》ましやアドバイスをお願《ねが》いします

夜の歯みがきが何日かできていないので習慣ついていない事に気づきました。大切な歯なので真剣にとりくんでいきたいと思います。

食《た》べたあとの歯《は》みがきは、きちんとできたかな？感想《かんそう》や反省《はんせい》をかいてね

こんかいは、きちんとできたと思う
よるは、おふろにはいりながらやった。

おうちの方からお子さんへの励《はげ》ましやアドバイスをお願《ねが》いします

毎日、忘れずがんばっていた。

食《た》べたあとの歯《は》みがきは、きちんとできたかな？感想《かんそう》や反省《はんせい》をかいてね

毎日はみがきができてよかった。これからもつづけたいです。歯いしゃさんになったらともちゃんをでき（き）た。

おうちの方からお子さんへの励《はげ》ましやアドバイスをお願《ねが》いします

食べた後は、時間をあけずにみがいて下さい。
もっと　きれいな色でぬれたらよかったですね。

食《た》べたあとの歯《は》みがきは、きちんとできたかな？感想《かんそう》や反省《はんせい》をかいてね

あまりできなかったところもあるけどこれからもがんばる。

おうちの方からお子さんへの励《はげ》ましやアドバイスをお願《ねが》いします

朝はしっかりみがくのですが、夜はあまりできなかったですね。眠たくなる前にみがきましょう。
ごはんを食べたらすぐみがくという風に良いくせがついたらいいですね。

歯《は》みがき上手《じょうず》になるために今日《きょう》からがんばること

すきまがあんまりみがけなかったのでもうすこしすきまにきをつけたいです。

おうちの方からお子さんへの励《はげ》ましやアドバイスをお願《ねが》いします

もう少しコツをつかんでいってほしいです。力が先行ぎみなので、かき出す様にと言って教えました。今度から新しい歯ブラシで気持ちも新たに、がんばって下さい。応援してます。

歯《は》みがき上手《じょうず》になるために今日《きょう》からがんばること

上下とも3本めがよくみがけてないからそこをいしきしてみがきたいと思います。

おうちの方からお子さんへの励《はげ》ましやアドバイスをお願《ねが》いします

すみずみまできちんとみがけるようにがんばって下さい！

歯《は》みがき上手《じょうず》になるために今日《きょう》からがんばること

おく歯はみがき残しがないから、前歯を今度からきちんと、ていねいにみがきたいです。

おうちの方からお子さんへの励《はげ》ましやアドバイスをお願《ねが》いします

おく歯をみがくことにいっしょうけんめいで、前歯のみがき残しが多いので全体的にていねいにしっかりみがいて下さい

歯《は》みがき上手《じょうず》になるために今日《きょう》からがんばること

ハブラシがあたっていても少ししかみがいていなかったので1本1本、時間をかけてみがきます。

おうちの方からお子さんへの励《はげ》ましやアドバイスをお願《ねが》いします

みがきやすい場所の歯が思っていたよりみがけていなかったので、ささーとみがいてしまわずに、こきざみにブラシを動かし歯と歯の間を注意してみがいてみましょう。

編集注：P64「ほけんだより」の裏面

ほけんだより7月

久下小学校　保健室
H19．7．13
5年生用

梅雨明《つゆあ》けまで、あともう少しです。蒸《な》し暑《あつ》かったりはだ寒《さむ》かったりするためでしょうか、体調《たいちょう》のすぐれない人がいます。そろそろ寝冷《ねび》えの症状《しょうじょう》の人も、保健室《ほけんしつ》に来《く》るようになってきました。寝《ね》るときの部屋《へや》の環境《かんきょう》はどうでしょうか？エアコンをつけたままだったり、扇風機《せんぷうき》の風《かぜ》が一晩中《ひとばんじゅう》体に直接《ちょくせつ》当たったまま寝《ね》ていませんか？

7月の保健目標
健康《けんこう》な
生活《せいかつ》リズムを
保《たも》とう

身体測定の結果

性別	学年	身長（cm）	体重（kg）	座高（cm）
男子	1	117．5	23．2	65．6
男子	2	121．9	24．1	67．9
男子	3	130．5	29．8	71．7
男子	4	132．1	30．1	72．3
男子	5	138．7	33．7	75．0
男子	6	145．6	40．2	77．9
女子	1	115．5	20．4	64．6
女子	2	121．9	23．1	68．1
女子	3	126．9	25．8	69．8
女子	4	133．9	31．3	73．7
女子	5	138．1	32．6	75．0
女子	6	147．1	38．4	78．8

４月に行われた身体測定《しんたいそくてい》の結果《けっか》です。これは，成長《せいちょう》の目安《めやす》であって，自分《じぶん》の結果《けっか》が，この数字《すうじ》より大きいとか小さいとか比《くら》べて，良《よ》い悪《わる》いを決《き》めるものではありません。バランス良く成長《せいちょう》していることが一番大事《いちばんだいじ》なことです。

健康手帳《けんこうてちょう》が返《かえ》されたら，自分《じぶん》のからだのバランスを確《たし》かめてみましょう。

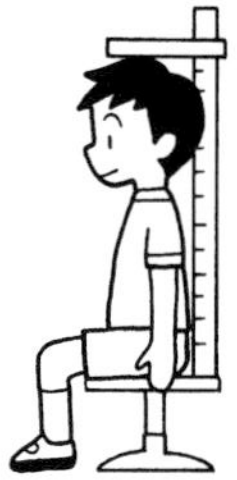

☆裏面に歯みがきカレンダー・歯みがきテスト＆歯ブラシチェックの感想があります。ご覧ください。

おうちの方へ　　歯の衛生週間記念行事《えいせいしゅうかんきねんぎょうじ》の作品展《さくひんてん》

６月中に各クラスで取り組んだ、絵・ポスター・標語《ひょうご》の中で優《すぐ》れた作品を保健室《ほけんしつ》の廊下《ろうか》に展示《てんじ》してあります。プール開放終了日《かいほうしゅうりょうひ》まで展示《てんじ》しますので、ぜひ、一度お立ち寄り下さい。

夏を元気にすごそう

外に出る時は必《かなら》ず帽子《ぼうし》をかぶりましょう。

夏の太陽《たいよう》の暑《あつ》さは、体温が上がり過《す》ぎて、日射病《にっしゃびょう》や熱射病《ねっしゃびょう》になってしまいます。また、太陽《たいよう》から地球《ちきゅう》に届《とど》く紫外線《しがいせん》の量《りょう》が以前より増《ふ》えているため、日に当たり過《す》ぎると健康《けんこう》によくないと言われています。しかし、外気浴《がいきよく》といって外で過《す》ごすことが、みなさんの成長にはとても大切です。帽子《ぼうし》をかぶって外遊びをしましょう

たくさん汗《あせ》をかく時には、飲《の》み物を飲《の》むことを忘《わす》れないで。体の中の水分が汗《あせ》となって流《なが》れ出してしまい、脱水症状《だっすいしょうじょう》を起《お》こします。

だからといって、甘《あま》い飲《の》み物は食欲《しょくよく》がなくなり、夏バテの大きな原因《げんいん》の一つです。また、冷《るね》た過《す》ぎると胃腸《いちょう》の働《はたら》きが悪くなり、食欲《しょくよく》が無《な》くなったり下痢《げり》をします。

「茶」のつく飲《の》み物を冷《るね》たくし過《す》ぎずに飲《の》みましょう。

健康診断《けんこうしんだん》のあと、「治療《ちりょう》の勧《すす》め」を渡《わた》された人がいます。

そのうち、半分の人は治療《ちりょう》や検査が終わりました。まだの人は、夏休み中にお医者さんに行って診《み》ていただきましょう。特にむし歯は自然に治ることはないので、必ず、歯医者さんに行きましょう。

暑《あつ》いからといってねる時にクーラーをつけたままだとね冷《ひ》えをします。お腹《なか》が痛《いた》くなったり、熱《ねつ》が出てしまいます。暑《ねつ》くてねむれない時は、頭を氷枕《こおりまくら》で冷《ひ》やしてねると気持ちがいいですよ。

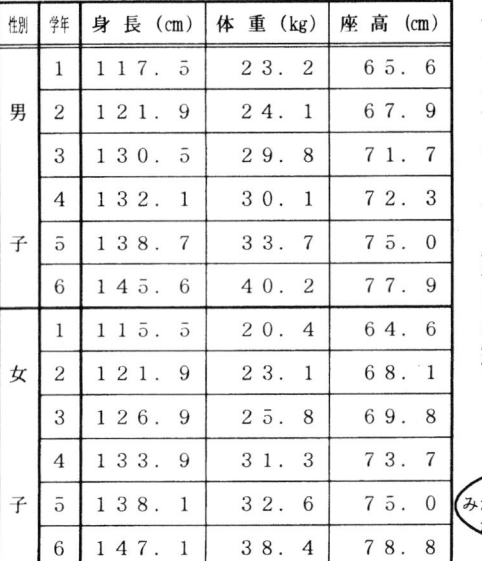

5年生の歯みがきカレンダーと歯みがきテスト＆歯ブラシチェックの感想・反省・がんばること

あなたは、なんて書いたかな？　お友だちは、どんなこと書いているかな？　読んでみましょう。

食《た》べたあとの歯《は》みがきは、きちんとできたかな？感想《かんそう》や反省《はんせい》をかいてね

毎日歯をみがけたのでこれからも
歯をみがきたいと思います。

おうちの方からお子さんへの励《はげ》ましやアドバイスをお願《ねが》いします

毎日、歯みがきをよくがんばりました。
虫歯にならないよう、これからも毎日がんばりましょう

食《た》べたあとの歯《は》みがきは、きちんとできたかな？感想《かんそう》や反省《はんせい》をかいてね

毎日みがけばきれいな歯になることがわかったし、
きれいな歯だと気持ちがいいなぁと思いました。

おうちの方からお子さんへの励《はげ》ましやアドバイスをお願《ねが》いします

休日の歯ブラシを忘れがちです。家族全員で歯をみがきましょう!!

食《た》べたあとの歯《は》みがきは、きちんとできたかな？感想《かんそう》や反省《はんせい》をかいてね

計画的にできてよかった。

おうちの方からお子さんへの励《はげ》ましやアドバイスをお願《ねが》いします

もっとていねいに歯みがきが出来るといいと
思います。カガミを見ながら歯みがきをしよう！

食《た》べたあとの歯《は》みがきは、きちんとできたかな？感想《かんそう》や反省《はんせい》をかいてね

あんまりよーくできなかった。

おうちの方からお子さんへの励《はげ》ましやアドバイスをお願《ねが》いします

間食をした時、食べたらしっかりとみがけるように
気をつけよう。

今日《きょう》からがんばること

前歯をとくにきちんとていねいにみがこうと思いました。うらがわの歯はちょっと赤くなっていたけど、きちんとみがけてた。おくの方もきちんとみがけてた

おうちの方から

前歯をみがくのが難しいのか奥歯より赤く染まっていました。赤い所を本は
ていねいに汚れを落としていました。仕上げみがきをきちんとしたいと思います。

今日《きょう》からがんばること

高さが大分ちがうところがあるので、1つずつていねいにみがくようにする。

おうちの方から

きちんとみがいているようでも、意外に汚れが残っているものですね「ていねいに」を心掛けましょう

今日《きょう》からがんばること

はぐきと歯のさかいめ、はとはのあいだにプラークが残っていたので、今度から、気をつけてみがくようにします。
きょねんよりは、プラークの残りがへっていると思うので、つづけたいです。

おうちの方から

はぐきと歯のさかいめは毎年残ります。
いつも気にしながら歯みがきするとなくなるよ！

今日《きょう》からがんばること

上の歯がよくみがけていなかったのは鏡を見てもよく見えないからかな思いました。でも見えなくても毛先を使ってよくみがこうと思いました。
毛先を使えば歯の根元もしっかりみがけたと思いました。

おうちの方から

毎回ていねいにみがくことを心掛けて下さい。

編集注：P66「ほけんだより」の裏面

ほけんだより7月

久下小学校　保健室

H19．7．13
6年生用

梅雨明《つゆあ》けまで、あともう少しのようです。蒸《む》し暑《あつ》かったり、はだ寒《さむ》かったりするためでしょうか、体調《たいちょう》のすぐれない人がいます。そろそろ寝冷《ねび》えの症状《しょうじょう》の人も、保健室《ほけんしつ》に来《く》るようになってきました。寝《ね》るときの部屋《へや》の環境《かんきょう》はどうでしょうか？エアコンをつけたままだったり、扇風機《せんぷうき》の風《かぜ》が一晩中《ひとばんじゅう》体に直接《ちょくせつ》当たったまま寝《ね》ていませんか？

7月の保健目標
健康《けんこう》な
生活《せいかつ》リズムを
保《たも》とう

身体測定の結果

性別	学年	身長（cm）	体重（kg）	座高（cm）
男子	1	117．5	23．2	65．6
	2	121．9	24．1	67．9
	3	130．5	29．8	71．7
	4	132．1	30．1	72．3
	5	138．7	33．7	75．0
	6	145．6	40．2	77．9
女子	1	115．5	20．4	64．6
	2	121．9	23．1	68．1
	3	126．9	25．8	69．8
	4	133．9	31．3	73．7
	5	138．1	32．6	75．0
	6	147．1	38．4	78．8

４月に行われた身体測定《しんたいそくてい》の結果《けっか》です。これは，成長《せいちょう》の目安《めやす》であって，自分《じぶん》の結果《けっか》が，この数字《すうじ》より大きいとか小さいとか比《くら》べて，良《よ》い悪《わる》いを決《き》めるものではありません。バランス良く成長《せいちょう》していることが一番大事《いちばんだいじ》なことです。

健康手帳《けんこうてちょう》が返《かえ》されたら，自分《じぶん》のからだのバランスを確《たし》かめてみましょう。

☆裏面に歯みがきカレンダー・歯みがきテスト＆歯ブラシチェックの感想があります。ご覧ください。

おうちの方へ　　歯の衛生週間記念行事《えいせいしゅうかんきねんぎょうじ》の作品展《さくひんてん》

６月中に各クラスで取り組んだ、絵・ポスター・標語《ひょうご》の中で優《すぐ》れた作品を保健室《ほけんしつ》の廊下《ろうか》に展示《てんじ》してあります。プール開放終了日《かいほうしゅうりょうび》まで展示《てんじ》しますので、ぜひ、一度お立ち寄り下さい。

夏を元気にすごそう

外に出る時は必ず帽子《ぼうし》をかぶりましょう。

夏の太陽の暑《あつ》さは、体温が上がり過ぎて、日射病《にっしゃびょう》や熱射病《ねっしゃびょう》になってしまいます。また、太陽から地球に届《とど》く紫外線《しがいせん》の量が昔より増えているため、日に当たり過ぎると健康によくないと言われています。しかし、外気浴《がいきよく》といって外で過ごすことが、みなさんの成長にはとても大切です。帽子《ぼうし》をかぶって外遊びをしましょう。

たくさん汗《あせ》をかく時には、飲み物を飲むことを忘《わす》れないで。体の中の水分が汗《あせ》となって流れ出してしまい、脱水症状《だっすいしょうじょう》を起《お》こします。

だからといって、甘《あま》い飲み物は食欲がなくなり、夏バテの大きな原因の一つです。また、冷た過ぎると胃腸《いちょう》の働きが悪くなり、食欲が無くなったり下痢《げり》をします。「茶」のつく飲み物を冷たくし過ぎずに飲みましょう。

健康診断《けんこうしんだん》のあと、「治療《ちりょう》の勧《すす》め」を渡《わた》された人がいます。

そのうち、半分の人は治療《ちりょう》や検査が終わりました。まだの人は、夏休み中にお医者さんに行って診《み》ていただきましょう。特にむし歯は自然に治ることはないので、必ず、歯医者さんに行きましょう。

暑《あつ》いからといってねる時にクーラーをつけたままだとね冷《ひ》えをします。お腹《なか》が痛《いた》くなったり、熱《ねつ》が出てしまいます。暑《ねつ》くてねむれない時は、頭を氷枕《こおりまくら》で冷《ひ》やしてねると気持ちがいいですよ。

6年生の歯みがきカレンダーと歯みがきテスト＆歯ブラシチェックの感想・反省・がんばること

あなたは、なんて書いたかな？　お友だちは、どんなこと書いているかな？　読んでみましょう。

食《た》べたあとの歯《は》みがきは、きちんとできたかな？感想《かんそう》や反省《はんせい》をかいてね

休日の昼に歯みがきを忘れていたので、今度からみがけるようにしたい。

おうちの方からお子さんへの励《はげ》ましやアドバイスをお願《ねが》いします

食事の後は忘れずすぐみがこうね。

食《た》べたあとの歯《は》みがきは、きちんとできたかな？感想《かんそう》や反省《はんせい》をかいてね

◦平日は「朝・昼・夜」1日3回きちんとできたけど、休日は「朝・昼」にみがけなかったことがあったから、休日も、しっかりみがけるようにしたい。
◦夜は全部ぬれたから良かった!!

おうちの方からお子さんへの励《はげ》ましやアドバイスをお願《ねが》いします

お休みの日は、ダラダラとしている事が多いので、しっかりとした生活を送って欲しいなと思います。これからもがんばって歯みがきして下さい。

食《た》べたあとの歯《は》みがきは、きちんとできたかな？感想《かんそう》や反省《はんせい》をかいてね

歯みがきは、ちゃんとできたので、これからも続けたい。

おうちの方からお子さんへの励《はげ》ましやアドバイスをお願《ねが》いします

毎日、よくみがけましたね。
これからも　がんばってみがきましょう。

食《た》べたあとの歯《は》みがきは、きちんとできたかな？感想《かんそう》や反省《はんせい》をかいてね

16、17(土日)は昼にはみがきをしていなかった。
こんどから土日もしっかりやりたい。

おうちの方からお子さんへの励《はげ》ましやアドバイスをお願《ねが》いします

食べた後すぐみがく習慣をつけましょう！
自分で歯みがきの大切さに気付いて欲しいです。

歯《は》みがき上手《じょうず》になるために今日からがんばること

上の歯の裏側をもっとていねいにみがきたいです。下の歯の歯と歯の間や、歯ぐきとの境きみがきたいです。

おうちの方からお子さんへの励《はげ》ましやアドバイスをお願《ねが》いします

上に書いた事をいつも心がけてみがいてね。

歯《は》みがき上手《じょうず》になるために今日《きょう》からがんばること

上の歯は前の方がきたないのでていねいにみがく。
下の歯は根本の方がきたない気をつける。

おうちの方からお子さんへの励《はげ》ましやアドバイスをお願《ねが》いします

虫歯に治療の紙はもらってきませんが、がんばって下さい。

歯《は》みがき上手《じょうず》になるために今日《きょう》からがんばること

一番かんたんな前歯がきたなかったので、そこを中心に、あと、歯のつけ根をがんばりたいと思います。

おうちの方からお子さんへの励《はげ》ましやアドバイスをお願《ねが》いします

歯ぶらしの角度に気をつけてみがくともっときれいになるかなあ？

歯《は》みがき上手《じょうず》になるために今日《きょう》からがんばること

上の前歯がしっかりみがけてなかったから、前歯もしっかりみがきたい！

おうちの方からお子さんへの励《はげ》ましやアドバイスをお願《ねが》いします

いつもよくみがいているように感じていましたがもう少しがんばってもらいたいです。

編集注：P68「ほけんだより」の裏面

ほけんだより9月

久下小学校　保健室
H19．9．11

台風の後は、さわやかな秋風がふくと思っていましたが、真夏のような日やむし暑い雨の日が続きます。みなさんの体調管理《たいちょうかんり》は、しっかりできていますか？

9月の保健目標

遊《あそ》びのきまりを守《まも》ろう

夏休み明け身体計測の平均

（　）の数字は、4月の測定《そくてい》と比《くら》べて増《ふ》えた背《せ》の高《たか》さや体の重《おも》さです。平均《へいきん》と比べて、大きい・小さいとか重い・軽《かる》いということより、4月と比べて自分はどれくらい成　長《せいちょう》したかを確《たし》かめましょう。

		身　長（cm）	体　重（kg）
男子	1	119．7（2．2）	24．2（1．0）
	2	124．1（2．2）	25．1（1．0）
	3	132．9（2．4）	31．6（1．8）
	4	134．7（2．6）	32．2（2．1）
	5	140．9（2．2）	35．8（2．1）
	6	148．4（2．8）	42．1（1．9）
女子	1	117．9（2．4）	21．0（0．6）
	2	124．0（2．1）	23．8（0．7）
	3	129．3（2．4）	26．8（1．0）
	4	136．5（2．6）	33．2（1．9）
	5	141．2（3．1）	34．4（1．8）
	6	149．4（2．3）	40．7（2．3）

臨時歯科健康診断《りんじしかけんこうしんだん》が9月20日木曜日に行われます。治療《ちりょう》を完了《かんりょう》していないお子さんは、現在《げんざい》の治療状況《ちりょうじょうきょう》を確認《かくにん》する予定《よてい》です。ご協力《きょうりょく》をお願《ねが》いします。

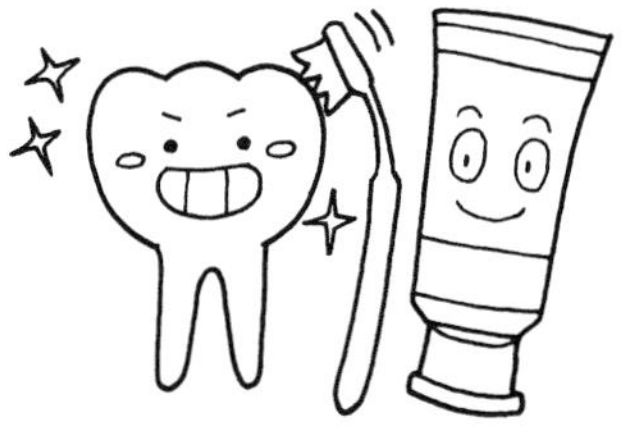

こんな生活《せいかつ》リズムになっていませんか？

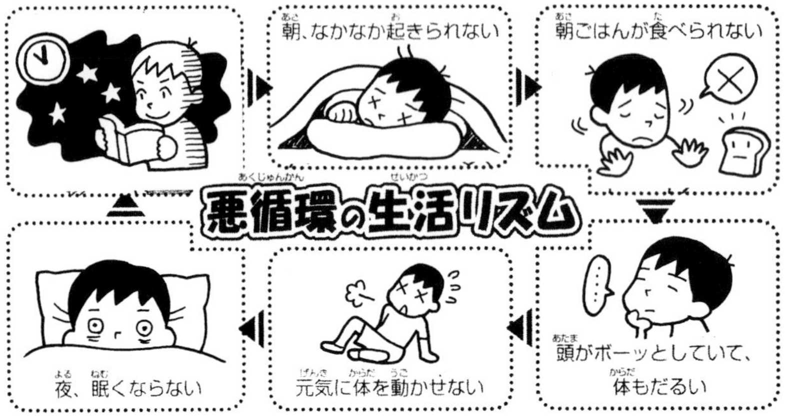
朝《あさ》、なかなか起《お》きられない
朝《あさ》ごはんが食《た》べられない
悪循環《あくじゅんかん》の生活《せいかつ》リズム
頭《あたま》がボーッとしていて、体《からだ》もだるい
元気《げんき》に体《からだ》を動《うご》かせない
夜《よる》、眠《ねむ》くならない

土曜日・日曜日の疲《つか》れを引きずったまま、月曜日に登校《とうこう》してくる人が見られます。お休みの日に元気いっぱい活動《かつどう》したら、夜は早くふとんに入りましょう。日中疲《つか》れているのに夜おそくまで起きていたり、ゲームばかりで体を動かさない人は、運動量《うんどうりょう》が少ないので眠《ねむ》くなりません。土日に出来てしまった上のような悪循環《あくじゅんかん》から早く抜《ぬ》け出し、月曜日には、正しい生活のリズムを取り戻《もど》してほしいと思います。

生活リズムを立て直すには？
おはよ！

1 まずは早起《はやお》きから始《はじ》めよう

早寝早起《はやねはやお》きのリズムを確立《かくりつ》するには、つらくてもまずは早起《はやお》きから始《はじ》めましょう。朝《あさ》の太陽《たいよう》の光《ひかり》を浴《あ》びれば、眠《ねむ》けもすっきりしますよ。

2 朝《あさ》ごはんを欠《か》かさず食《た》べよう

朝《あさ》ごはんは、一日《いちにち》を元気《げんき》にスタートさせる大切《たいせつ》なエネルギー源《げん》です。朝《あさ》ごはんを食《た》べれば、脳《のう》も体《からだ》もしっかり目覚《めざ》めてきます。

3 昼間《ひるま》は元気《げんき》に体《からだ》を動《うご》かそう

昼間《ひるま》の運動量《うんどうりょう》が少《すく》ないと、夜《よる》になってもなかなか眠《ねむ》くならないものです。元気《げんき》に体《からだ》を動《うご》かすことが、夜《よ》ふかしせずにぐっすりと眠《ねむ》れる秘訣《ひけつ》です。

ほけんだより10月

久下小学校　保健室

H19．10．2

10月の保健目標

姿勢《しせい》を正《ただ》しくして　目《め》を大切《たいせつ》にしよう

「暑《あつ》さ寒《さむ》さも彼岸《ひがん》まで」という言葉《ことば》をみなさん知《し》っていますか？春と秋のお彼岸《ひがん》を境《さかい》にして、寒《さむ》さも暑《あつ》さもそれぞれ衰《おとろ》えて、よい気候《きこう》になること（広辞苑）です。

ところが、今年はどうでしょう。9月は暑くて10月になったら急に涼《すず》しくなりました。

そのためか、発熱《はつねつ》や体調不良《たいちょうふりょう》で保健室《ほけんしつ》を利用《りよう》する人がたくさんいます。どうしたら元気に過《すご》せるのか、お家の人と一緒《いっしょ》に考《かんが》えてみましょう。ヒントは、夜と休日の過《す》ごし方です。

臨時歯科健康診断《りんじしかけんこうしんだん》の結果《けっか》

9月20日（木）実施

【治療《ちりょう》の勧《すす》めを配《くば》られた人数《にんずう》】

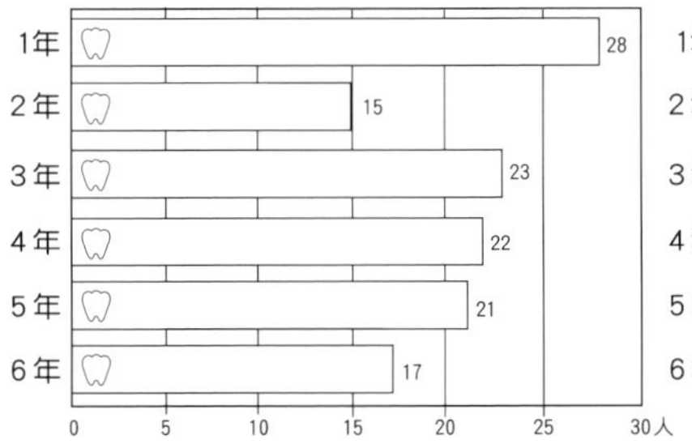

1年 28
2年 15
3年 23
4年 22
5年 21
6年 17
0 5 10 15 20 25 30人

【CO《シーオー》のお知《し》らせを配《くば》られた人《ひと》】

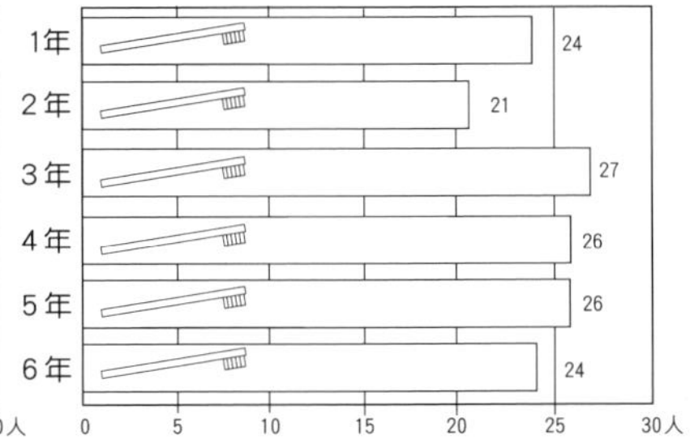

1年 24
2年 21
3年 27
4年 26
5年 26
6年 24
0 5 10 15 20 25 30人

午前中《ごぜんちゅう》の歯科健診《しかけんしん》でしたが、みがき残《のこ》しが目立ちました。朝の歯《は》みがきが、よくできなかったのでしょうか？

食べかすや歯垢《しこう》がべっとり付いていて、むし歯《ば》かCO《シーオー》（要観察歯《ようかんさつし》）か健全歯《けんぜんし》か見極《みきわ》めるのに時間がかかりました。

「“CO《シーオー》”って何？」

要観察歯《ようかんさつし》とも言います。歯《は》のみぞに少し色の変化《へんか》が見られます。健診《けんしん》の時、むし歯《ば》は“C《しー》”と言いますが、この場合《ばあい》“CO《シーオー》”と言います。このまま放《ほう》っておくとむし歯《ば》に進みやすいので、正しい歯みがきやフッ素《そ》入り歯みがき剤《ざい》・フッ素塗布《そとふ》・フッ素洗口《そせんこう》などが必要《ひつよう》です。

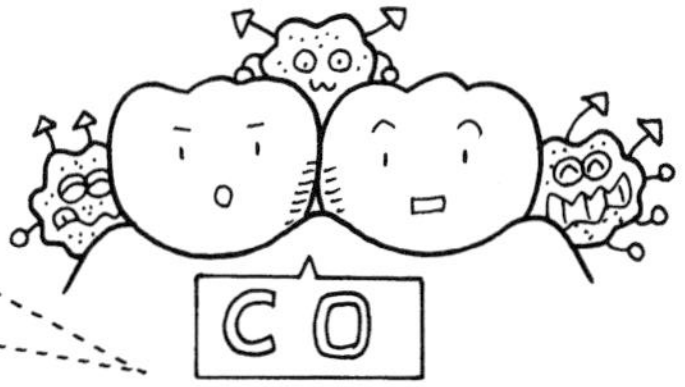

CO

今年度から新しい検診が加わりました　**受動喫煙検診《じゅどうきつえんけんしん》**

1，目　的　　受動喫煙《じゅどうきつえん》による子供達への健康障害《けんこうしょうがい》を防止する。
2，対　象　　4年生児童（希望者）
3，内　容　　尿検査（尿中コチニン値の測定）
4，日　程　　30日（火）　尿検査回収日…教室で回収後保健室へ
　　　　　　　31日（水）　〃　予備日…　　同上
5，費　用　　無料です。

TA
BA
CO

目を大切にしていますか？

HB
B

勉強しているとき

□ **本《ほん》やノートが目《め》に近《ちか》すぎませんか？**
→姿勢をよくして、30cmは離すようにしましょう。

□ **うすい鉛筆《えんぴつ》を使っていませんか？**
→HBやBなどの濃いめのものを使うようにしましょう。

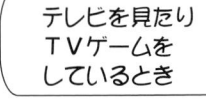

□ **暗《くら》いところで本《ほん》を読《よ》んだり文字《もじ》を書《か》いたりしていませんか？**
→部屋の照明だけでなく、電気スタンドで手元も明るくしましょう。

□ **黒板《こくばん》の字《じ》が見《み》えにくく、目《め》を細《ほそ》めたりしていませんか？**
→眼科を受診し、必要な場合はメガネをつくりましょう。

テレビを見たり TVゲームを しているとき

□ **テレビに近《ちか》づきすぎていませんか？**
→2～3mは離れるようにしましょう。

□ **寝転《ねころ》がってテレビを見《み》ていませんか？**
→目の位置はテレビより高くし、目線が下向きになるようにしましょう。
（※目線が上向きだと目が乾燥したり疲れやすくなったりします。）

□ **何時間《なんじかん》もテレビを見《み》たり、ゲームをしたりしていませんか？**
→1日の利用時間を決め、きちんと守るようにしましょう。

□ **途中でちゃんと休憩をとっていますか？**
→30分たったら休み、目を閉じたり目の体操をしたりしましょう。

その他・日常生活で

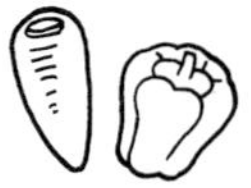

□ **前髪《まえがみ》が目《め》にかかっていませんか？**
→短く切るか、ピンなどで留めるようにしましょう。

□ **夜《よ》ふかしをしていませんか？**
→疲れた目を休ませるためにも、睡眠を十分とりましょう。

□ **好《す》き嫌《きら》いをしていませんか？**
→バランスのよい食事で、目にも栄養を与えましょう。

□ **近《ちか》くの物《もの》ばかりを見《み》ていませんか？**
→たまには遠くの景色を眺めて、目の筋肉をリラックスさせましょう。

ほけんだより11月

久下小学校　保健室

H19．11．1

秋らしく感《かん》じられるのは、校庭《こうてい》の落《お》ち葉《ば》をはく時の音でしょうか？暑《あつ》いなあと思う日が時々《ときどき》あったり、寒《さむ》さに身《み》ぶるいする日があったりして、体が気温《きおん》の変化《へんか》についていけないようです。こんな時こそ、脱《ぬ》いだり着《き》たり上手《じょうず》に衣類《いるい》で体温《たいおん》を調節《ちょうせつ》できるとよいですね。

11月の保健目標

うす着《ぎ》で
寒《さむ》さに負《ま》けない
からだを作《つく》ろう

11月8日は、いい歯の日

■早い治療と、その後の歯みがきが大切！

あなたのむし歯は

何本？　＿＿＿本　…早く治療を！

歯ブラシをうまく使おう

〜 えの具をぬったつめで、練習しよう 〜

①歯と歯のあいだ

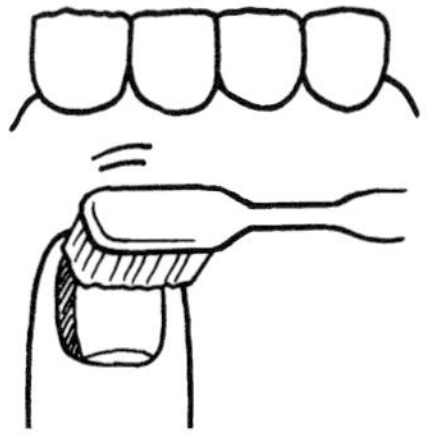

●歯と歯のあいだに歯ブラシをあてて、こまかく動かしてね。

②歯と歯ぐきのさかい目

●歯と歯ぐきのさかい目に45度の角度であてて、こまかく歯ブラシを動かしてみましょう。

③奥歯のみぞ

●見えにくい奥歯は大きな口をあけて確かめながら、そこに歯ブラシの先が届くように注意して、こまかく歯ブラシを動かしましょう。

＊「のんちゃんたちの口の中探険（下）」岡崎好秀著・大修館書店発行より

いい歯《は》の日の予定《よてい》は　歯《は》みがきカレンダー…全校児童《ぜんこうじどう》（11／5〜11／11）
歯《は》みがきテスト＆歯《は》ブラシチェック…全校児童《ぜんこうじどう》
1・2年生はカラーテスター**綿棒**タイプ
3年生以上はカラーテスター**錠剤**タイプ
（11／7〜11／11）
どちらも、ご家庭での協力をお願いします。提出日《ていしゅつび》は11月12日（月）です。

そろそろ話題になり始めました。

インフルエンザと診断されたら

お子さんがお医者さんに「インフルエンザ」と診断《しんだん》された場合、出席停止《しゅっせきていし》となり学校を休んでも欠席扱いになりません。感染力《かんせんりょく》の強い病気が該当《がいとう》しますので、他のお子さんにうつすことのないよう、出席停止《しゅっせきていし》の期間を必ず守ってください。

インフルエンザの出席停止《しゅっせきていし》期間

①通常の場合 …　**解熱後2日を経過するまで。**

②抗《こう》インフルエンザ薬（リレンザやタミフルなど）使用の場合
…　**解熱後《げねつご》3日を経過《けいか》するまで。**

※抗《こう》インフルエンザ薬を使った場合は早めに熱が下がります。しかしウイルスの排泄《はいせつ》は解熱後《げねつご》2日以降でもかなりみられることがわかってきました。そのため②に　該当《がいとう》する場合は、出席停止《しゅっせきていし》期間が解熱後《げねつご》3日間となります。（熊谷市医師会）

「インフルエンザ」と診断《しんだん》されましたら。学校へ至急《しきゅう》ご連絡ください。

お家にありますか？ **救急箱《きゅうきゅうばこ》の中身《なかみ》**

手当《てあ》てで使《つか》うもの
- ガーゼ □
- 包帯《ほうたい》 □
- ばんそうこう □
- キズテープ □
- 脱脂綿《だっしめん》 □

薬(くすり)
- 消毒薬《しょうどくやく》 □
- キズ薬《やく》 □
- 虫《むし》さされの薬《くすり》 □
- その他《た》(頭痛薬《ずつうやく》など) □
- 冷《ひ》やすシートか湿布《しっぷ》 □

飲み薬（内服薬）と塗り薬（外用薬）は、別々に保管することをお勧めします。

あると便利《べんり》なもの
ハサミ□ピンセット□つめ切り□
毛抜き□体温計《たいおんけい》□綿棒《めんぼう》□

薬《くすり》は色《いろ》やにおい
使用期限《しようきげん》をチェック！

ほけんだより 12月

久下小学校　保健室
H19.12.17 発行
1年生用

インフルエンザ流行のニュースが取り上げられていますが、ウイルス性胃腸炎（流行性嘔吐下痢症）の流行も心配です。どちらも出席停止（休んでも欠席にならない）になりますので、お医者さんで診断を受けたら、すぐに学校へ連絡してください。

12月の保健目標

外で元気に遊ぼう

今年の冬は咳エチケット

厚生労働省では、インフルエンザの感染拡大を防ぐために「咳エチケット」を呼びかけています。

ウイルスはとても小さいので、空気中を漂っている場合はマスクを通してしまいます。しかし、咳やくしゃみなどの飛沫（つば・しぶき）の大部分はマスクで防ぐことができ、他の人が大量のウイルスの入った飛沫を吸い込まずに済みます。（読売新聞 H19.11.28）

「咳エチケット」の３か条は次の通りです。

1，咳・くしゃみの際にはティッシュなどで口と鼻を押さえ、周りの人から顔をそむける。
2，使用後のティッシュは、すぐにふた付きのゴミ箱に捨てる。
3，症状のある人は、マスクを正しく着用し、感染防止に努める。

もう少し詳しい内容は、昇降口と保健室廊下に掲示してある厚生労働省のポスターをご覧ください。

1月の保健行事

冬休み明け身体計測
8日（火）高学年
10日（木）中学年
11日（金）低学年

せきやくしゃみが出るときはマスクをしよう！

1回のせき・くしゃみでウイルスはこんなに広がってしまいます。

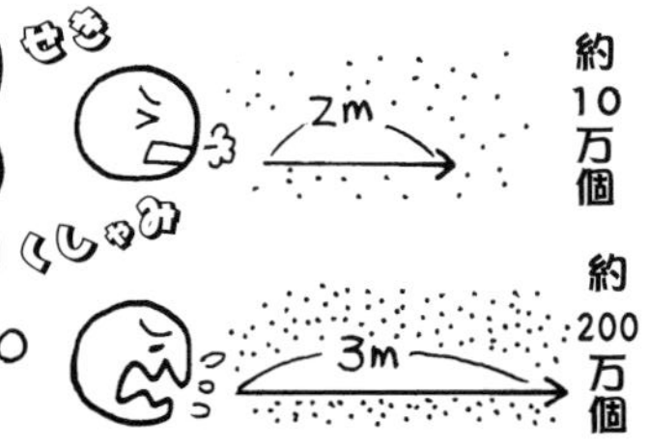
せき
2m
約10万個
くしゃみ
3m
約200万個

手洗いも大切！

ウイルスの付いた手をきれいに洗う事も予防の一つです。

最近、テレビや新聞で報道される「おねがいかめさん」の手洗いを久下小学校の子供たちは、上手にできます。

うがいも大切！

ウイルスは、鼻から入ってくることが多いのです。

防ぐには、うがいをするとよいと言われています。また、最近は口の中を清潔にすると効果も上がるとの報告もあります。

第２回歯磨きカレンダーと歯みがきテスト＆歯ブラシチェック

11月8日は、いい歯の日

２回目の『歯みがきカレンダー』と『歯みがきテスト＆歯ブラシチェック』をお家で取り組んでいただきました。ご協力ありがとうございます。

左のグラフは、１年生の歯みがきカレンダーの結果です。朝の歯みがきの実施状況は、残念なことに最低でした。しかし、夜の歯みがきは、どの学年よりよくできていました。起きてから通学班集合までの時間に余裕が持てれば、朝の歯みがきも毎日できるでしょうか？

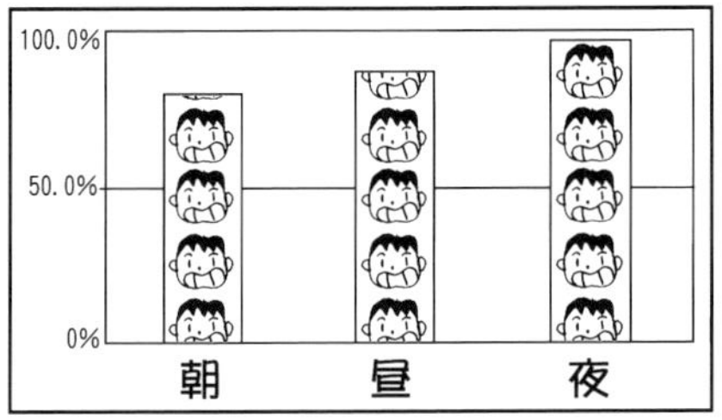
100.0%
50.0%
0%
朝
昼
夜

『歯みがきテスト＆歯ブラシチェック』は、１回目のカードを一緒にお渡ししましたが、お役に立ちましたか？お子さんの歯みがきが上手になった様子が分ったでしょうか。

みがき方のクセが分かれば、みがき残しやすい場所も分かると思います。

右のグラフは、１年生の１回目と２回目の歯みがきテストを比べた様子です。

Cの人が減って歯みがきがとても上手になりましたね。上手になりたいという意欲が上達につながったのだと思います。

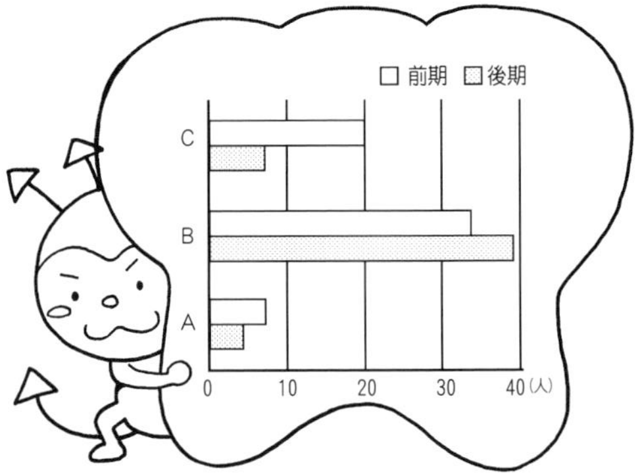
前期
後期
C
B
A
0
10
20
30
40(人)

1年生の歯みがきの目標

① 第一大臼歯《だいいちだいきゅうし》（６才臼歯）のかみ合わせ面がきれいにみがける。

② ブクブクうがいが上手に出来る。

③ 歯みがきテスト（歯垢《しこう》の染め出し）ができて、その様子を観察できる。

裏面に『歯みがきカレンダー』『歯みがきテスト＆歯ブラシチェック』の感想を掲載しました。ご覧ください。

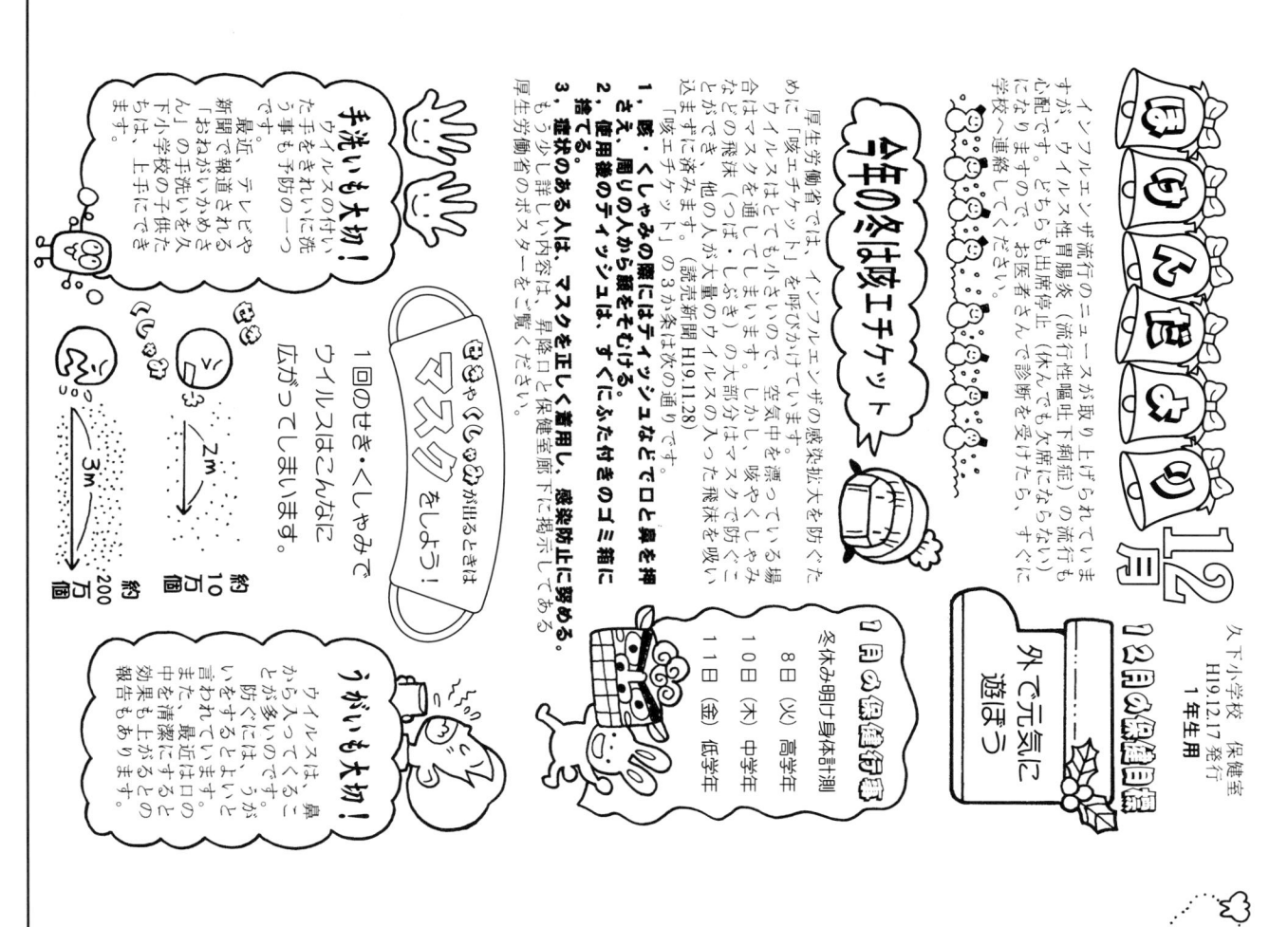

ほけんだより 12月

久下小学校　保健室
H19.12.17 発行
2年生用

12月の保健目標

外で元気に遊ぼう

インフルエンザ流行のニュースが取り上げられていますが、ウイルス性胃腸炎（流行性嘔吐下痢症）の流行も心配です。どちらも出席停止（休んでも欠席にならない）になりますので、お医者さんで診断を受けたら、すぐに学校へ連絡してください。

今年の冬は咳エチケット

厚生労働省では、インフルエンザの感染拡大を防ぐために「咳エチケット」を呼びかけています。

ウイルスはとても小さいので、空気中を漂っている場合はマスクを通してしまいます。しかし、咳やくしゃみなどの飛沫（つば・しぶき）の大部分はマスクで防ぐことができ、他の人が大量のウイルスの入った飛沫を吸い込まずに済みます。（読売新聞 H19.11.28）

「咳エチケット」の３か条は次の通りです。

1，咳・くしゃみの際にはティッシュなどで口と鼻を押さえ、周りの人から顔をそむける。
2，使用後のティッシュは、すぐにふた付きのゴミ箱に捨てる。
3，症状のある人は、マスクを正しく着用し、感染防止に努める。

もう少し詳しい内容は、昇降口と保健室廊下に掲示してある厚生労働省のポスターをご覧ください。

1月の保健行事

冬休み明け身体計測
8日（火）高学年
10日（木）中学年
11日（金）低学年

せきやくしゃみが出るときはマスクをしよう！

1回のせき・くしゃみでウイルスはこんなに広がってしまいます。

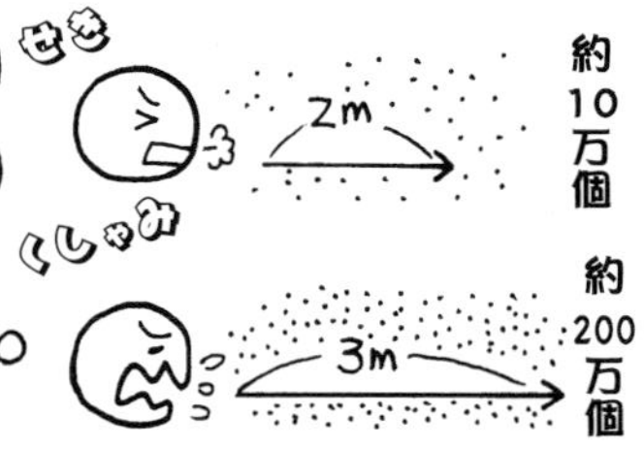
せき
2m
約10万個
くしゃみ
3m
約200万個

手洗いも大切！

ウイルスの付いた手をきれいに洗う事も予防の一つです。

最近、テレビや新聞で報道される「おねがいかめさん」の手洗いを久下小学校の子供たちは、上手にできます。

うがいも大切！

ウイルスは、鼻から入ってくることが多いのです。

防ぐには、うがいをするとよいと言われています。また、最近は口の中を清潔にすると効果も上がるとの報告もあります。

第２回歯磨きカレンダーと歯みがきテスト＆歯ブラシチェック

11月8日は、いい歯の日

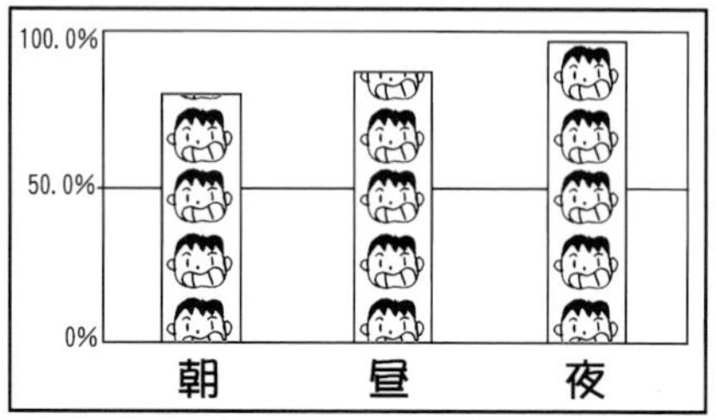
100.0%
50.0%
0%
朝
昼
夜

２回目の『歯みがきカレンダー』と『歯みがきテスト＆歯ブラシチェック』をお家で取り組んでいただきました。ご協力ありがとうございます。

左のグラフは、２年生の歯みがきカレンダーの結果です。１日３回の歯みがきの実施状況は、大変よかったです。昼の歯みがきは、どの学年よりよくできていました。毎食後の歯みがきがしっかり習慣となっているようです。一生大切にしたい生活習慣ですね。

『歯みがきテスト＆歯ブラシチェック』は、１回目のカードを一緒にお渡ししましたが、お役に立ちましたか？お子さんの歯みがきが上手になった様子が分かったでしょうか。

みがき方のクセが分かれば、みがき残しやすい場所も分かると思います。

右のグラフは、２年生の１回目と２回目の歯みがきテストを比べた様子です。

Ｃの人が少し減って歯みがきが上手になりましたね。上手になりたいという意欲が上達につながったのだと思います。

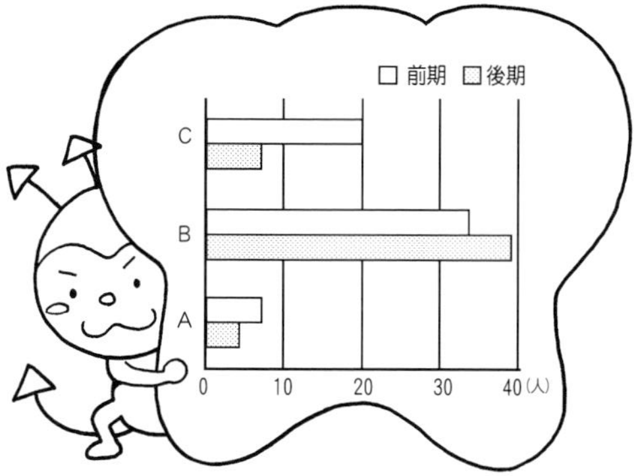
前期
後期
C
B
A
0
10
20
30
40(人)

２年生の歯みがきの目標

①　前歯の外側がきれいにみがける。

②　歯みがきの基本、歯ブラシの毛先の使い方が、わかる。

裏面に『歯みがきカレンダー』『歯みがきテスト＆歯ブラシチェック』の感想を掲載しました。ご覧ください。

ほけんだより 12月

久下小学校　保健室
H19.12.17 発行
3年生用

12月の保健目標

外で元気に遊ぼう

インフルエンザ流行のニュースが取り上げられていますが、ウイルス性胃腸炎（流行性嘔吐下痢症）の流行も心配です。どちらも出席停止（休んでも欠席にならない）になりますので、お医者さんで診断を受けたら、すぐに学校へ連絡してください。

今年の冬は咳エチケット

厚生労働省では、インフルエンザの感染拡大を防ぐために「咳エチケット」を呼びかけています。

ウイルスはとても小さいので、空気中を漂っている場合はマスクを通してしまいます。しかし、咳やくしゃみなどの飛沫（つば・しぶき）の大部分はマスクで防ぐことができ、他の人が大量のウイルスの入った飛沫を吸い込まずに済みます。（読売新聞 H19.11.28）

「咳エチケット」の３か条は次の通りです。

１，咳・くしゃみの際にはティッシュなどで口と鼻を押さえ、周りの人から顔をそむける。
２，使用後のティッシュは、すぐにふた付きのゴミ箱に捨てる。
３，症状のある人は、マスクを正しく着用し、感染防止に努める。

もう少し詳しい内容は、昇降口と保健室廊下に掲示してある厚生労働省のポスターをご覧ください。

１月の保健行事

冬休み明け身体計測
８日（火）高学年
１０日（木）中学年
１１日（金）低学年

せきやくしゃみが出るときは マスクをしよう！

手洗いも大切！

ウイルスの付いた手をきれいに洗う事も予防の一つです。

最近、テレビや新聞で報道される「おねがいかめさん」の手洗いを久下小学校の子供たちは、上手にできます。

１回のせき・くしゃみでウイルスはこんなに広がってしまいます。

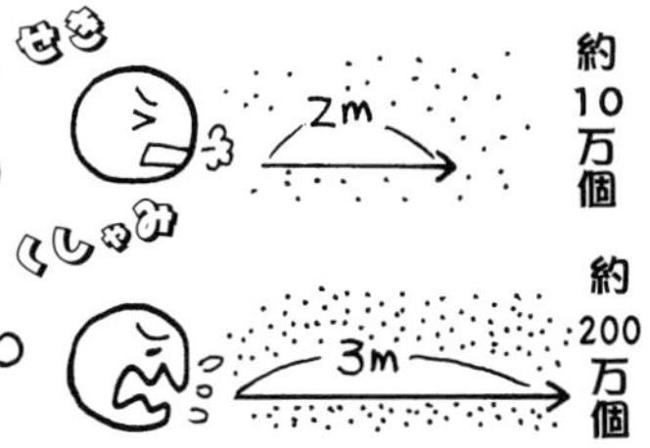

せき
2m
約10万個
くしゃみ
3m
約200万個

うがいも大切！

ウイルスは、鼻から入ってくることが多いのです。

防ぐには、うがいをするとよいと言われています。また、最近は口の中を清潔にすると効果も上がるとの報告もあります。

第２回歯磨きカレンダーと歯みがきテスト＆歯ブラシチェック

11月8日は、いい歯の日

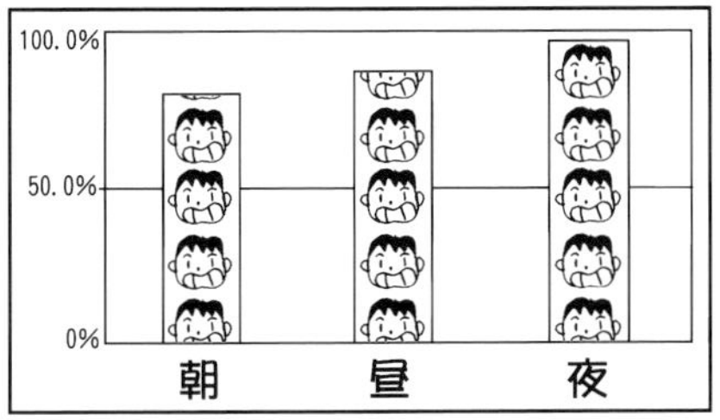

100.0%
50.0%
0%
朝
昼
夜

２回目の『歯みがきカレンダー』と『歯みがきテスト＆歯ブラシチェック』をお家で取り組んでいただきました。ご協力ありがとうございます。

左のグラフは、３年生の歯みがきカレンダーの結果です。ほかの学年と比べて朝と昼の歯みがきの実施状況が、あまりよくありません。エチケットとしての面でも毎食後の歯みがきがしっかりできるとよいですね。

『歯みがきテスト＆歯ブラシチェック』は、１回目のカードを一緒にお渡ししましたが、お役に立ちましたか？お子さんの歯みがきが上手になった様子が分かったでしょうか。

みがき方のクセが分かれば、みがき残しやすい場所も分かると思います。

右のグラフは、３年生の１回目と２回目の歯みがきテストを比べた様子です。

Ａの人がとても増えて歯みがきが上手になりましたね。上手になりたいという意欲が上達につながったのだと思います。向上心を持ち続けてほしいですね。

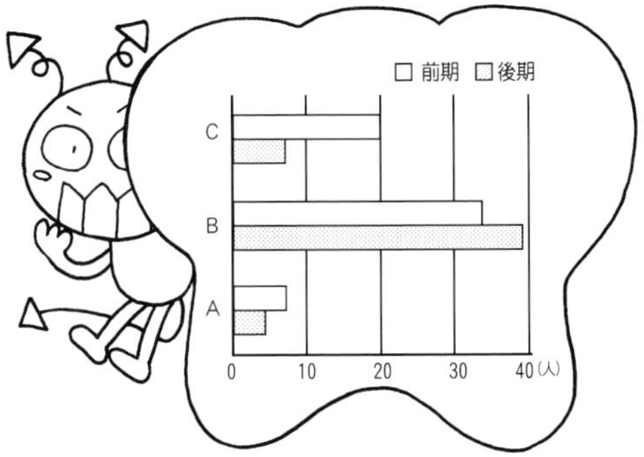

□前期　□後期
C
B
A
0
10
20
30
40(人)

3年生の歯みがきの目標

① 前歯の内側がきれいきれいにみがける。

② 合わせ鏡で、歯の内側を観察できる。

裏面に『歯みがきカレンダー』『歯みがきテスト＆歯ブラシチェック』の感想を掲載しました。ご覧ください。

ほけんだより 12月

久下小学校　保健室
H19.12.17 発行
4年生用

インフルエンザ流行のニュースが取り上げられていますが、ウイルス性胃腸炎《いちょうえん》（流行性嘔吐下痢症《りゅうこうせいおうとげりしょう》）の流行も心配です。どちらも出席停止《しゅっせきていし》（休んでも欠席にならない）になりますので、お医者さんで診断《しんだん》を受けたら、すぐに学校へ連絡《れんらく》してください。

12月の保健目標

外で元気に遊ぼう

今年の冬は咳エチケット

今年の冬は、インフルエンザの流行を防《ふせ》ぐために「咳《せき》エチケット」をよびかけています。（厚生労働省）

ウイルスはとても小さいので、空気中を漂《ただよ》っている場合はマスクを通してしまいます。しかし、咳《せき》やくしゃみなどのつばやしぶきの大部分はマスクで防《ふせ》ぐことができ、他の人が大量《たいりょう》のウイルスの入ったツバやしぶきを吸《す》い込《こ》まずにすみます。（読売新聞 H19.11.28）

「咳《せき》エチケット」の３か条《じょう》は次の通りです。

1，咳《せき》・くしゃみの際《さい》にはティッシュなどで口と鼻を押《お》さえ、周《まわ》りの人から顔をそむける。
2，使用後のティッシュは、すぐにふたつきのゴミ箱に捨《す》てる。
3，症状《しょうじょう》のある人は、マスクを正しく着用し、感染防止《かんせんぼうし》に努《つと》める。

1月の保健行事

冬休み明け身体計測
8日（火）高学年
10日（木）中学年
11日（金）低学年

せきやくしゃみが出るときは
マスクをしよう！

1回のせき・くしゃみで
ウイルスはこんなに
広がってしまいます。

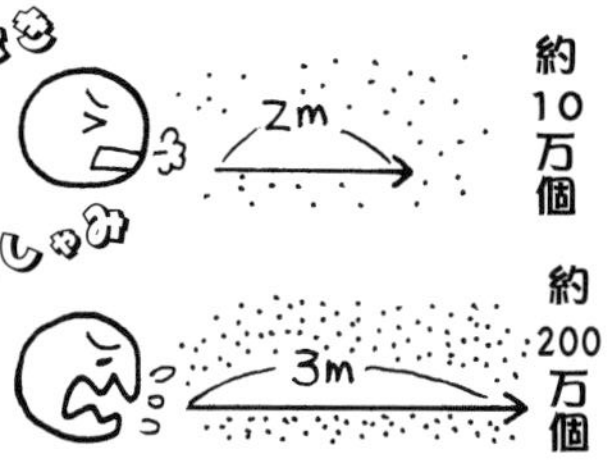
せき
2m
約10万個
くしゃみ
3m
約200万個

手洗いも大切！

ウイルスのついた手をきれいに洗《あら》う事も予防《よぼう》の一つです。「おねがいかめさん」の手洗《てあら》いをあなたは上手にできますか。

うがいも大切！

ウイルスは、鼻から入ってくることが多いのです。防《ふせ》ぐには、うがいが大切です。歯みがきをした後のきれいな口でうがいをすると効果《こうか》も上がります。

第２回歯磨きカレンダーと歯みがきテスト＆歯ブラシチェック

11月8日は、いい歯の日

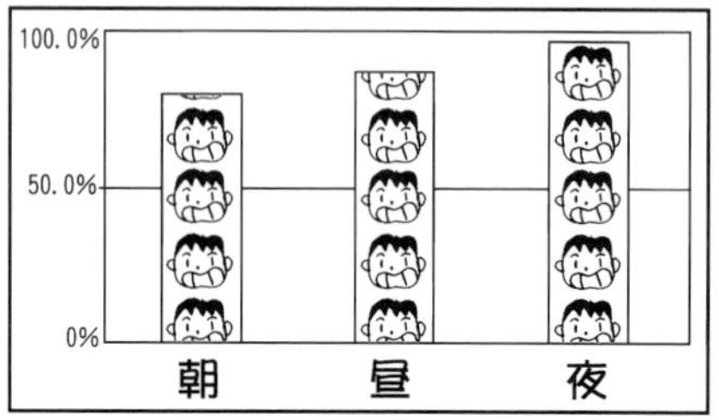
100.0%
50.0%
0%
朝
昼
夜

２回目の『歯みがきカレンダー』と『歯みがきテスト＆歯ブラシチェック』をお家で取り組んでいただきました。ご協力ありがとうございます。

左のグラフは、４年生の歯みがきカレンダーの結果です。ほかの学年と比べて朝と昼の歯みがきの実施状況が、あまりよくありません。夜の歯みがきは残念ですが最低の実施状況でした。ご家庭で、もう一度、食後の歯みがきの習慣化をお願いします。

『歯みがきテスト＆歯ブラシチェック』は、１回目のカードを一緒にお渡ししましたが、お役に立ちましたか？お子さんの歯みがきが上手になった様子が分かったでしょうか。

みがき方のクセが分かれば、みがき残しやすい場所も分かると思います。

右のグラフは、４年生の１回目と２回目の歯みがきテストを比べた様子です。

ＡとＣの人が増えました。全体で見ると歯みがきが下手になってしまったようです。どうしたのでしょうか？向上心を持ち続けてほしいですね。

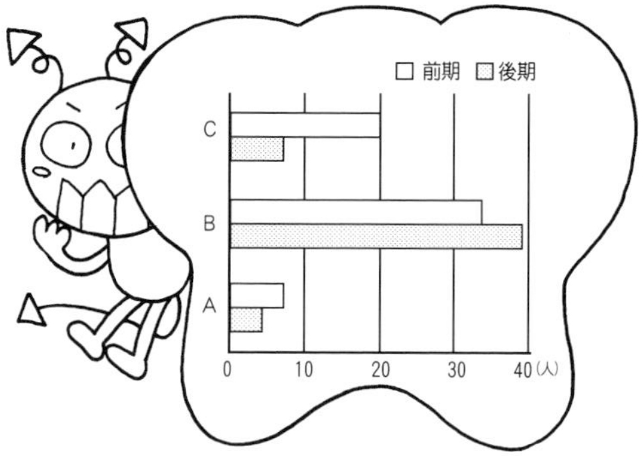
□前期　▨後期
C
B
A
0
10
20
30
40(人)

４年生の歯みがきの目標

① 小臼歯《しょうきゅうし》がきれいにみがける。

② 上下、外内、かみ合わせ面に歯ブラシの毛先が届く。

裏面に『歯みがきカレンダー』『歯みがきテスト＆歯ブラシチェック』の感想を掲載しました。ご覧ください。

ほけんだより 12月

久下小学校　保健室
H19.12.17 発行
5年生用

インフルエンザ流行のニュースが取り上げられていますが、ウイルス性胃腸炎《いちょうえん》（流行性嘔吐下痢症《りゅうこうせいおうとげりしょう》）の流行も心配です。どちらも出席停止（休んでも欠席にならない）になりますので、お医者さんで診断《しんだん》を受けたら、すぐに学校へ連絡《れんらく》してください。

12月の保健目標

外で元気に遊ぼう

今年の冬は咳エチケット

今年の冬は、インフルエンザの流行を防《ふせ》ぐために「咳《せき》エチケット」をよびかけています。（厚生労働省）

ウイルスはとても小さいので、空気中を漂《ただよ》っている場合はマスクを通してしまいます。しかし、咳《せき》やくしゃみなどのつばやしぶきの大部分はマスクで防《ふせ》ぐことができ、他の人が大量のウイルスの入ったツバやしぶきを吸《す》い込《こ》まずにすみます。（読売新聞 H19.11.28）

「咳《せき》エチケット」の3か条《じょう》は次の通りです。

1，咳《せき》・くしゃみの際《さい》にはティッシュなどで口と鼻を押《お》さえ、周《まわ》りの人から顔をそむける。
2，使用後のティッシュは、すぐにふたつきのゴミ箱に　捨《す》てる。
3，症　状《しょうじょう》のある人は、マスクを正しく着用し、感染防止《かんせんぼうし》に努める。

1月の保健行事

冬休み明け身体計測
8日（火）高学年
10日（木）中学年
11日（金）低学年

手洗いも大切！

ウイルスのついた手をきれいに洗《あら》う事も予防《よぼう》の一つです。
「おねがいかめさん」の手洗《てあら》いをあなたは上手にできますか。

せきやくしゃみが出るときはマスクをしよう！

1回のせき・くしゃみでウイルスはこんなに広がってしまいます。

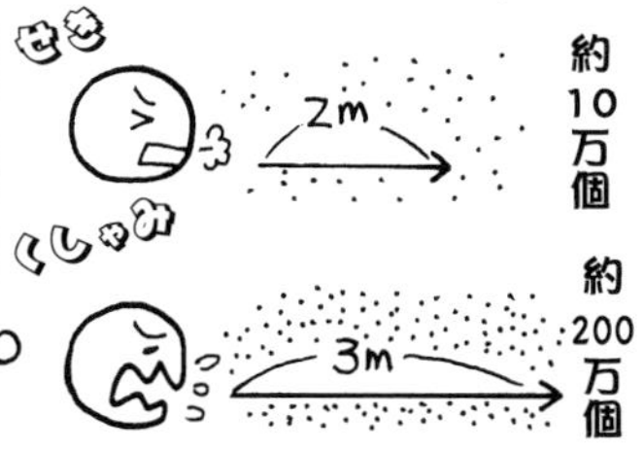

うがいも大切！

ウイルスは、鼻から入ってくることが多いのです。防《ふせ》ぐには、うがいが大切です。歯みがきをした後のきれいな口でうがいをすると効果《こうか》も上がります

第2回歯磨きカレンダーと歯みがきテスト&歯ブラシチェック

11月8日は、いい歯の日

2回目の『歯みがきカレンダー』と『歯みがきテスト&歯ブラシチェック』をお家で取り組んでいただきました。ご協力ありがとうございます。

左のグラフは、5年生の歯みがきカレンダーの結果です。ほかの学年と比べて朝の歯みがきの実施状況は、良くできています。昼の歯みがきは、残念ですがあまりよくありません。特に、土日の昼の歯みがきが出来ていませんでした。

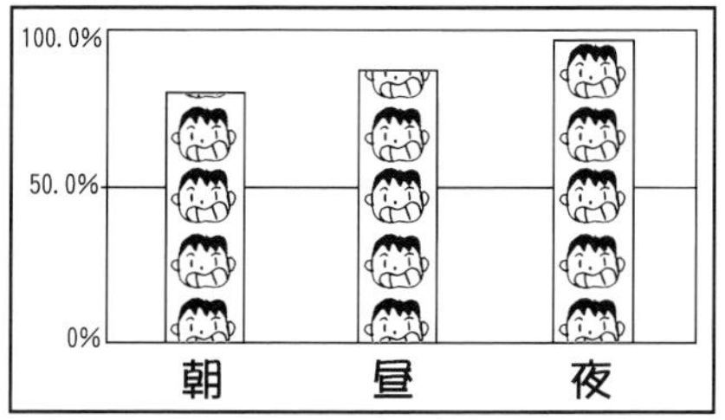

『歯みがきテスト&歯ブラシチェック』は、1回目のカードを一緒にお渡ししましたが、お役に立ちましたか？お子さんの歯みがきが上手になった様子が分かったでしょうか。

みがき方のクセが分かれば、みがき残しやすい場所も分かると思います。

右のグラフは、5年生の1回目と2回目の歯みがきテストを比べた様子です。

AとBの人が増えました。全体で見ると歯みがきが上手になったことがわかります。このまま向上心を持ち続けて上達して欲しいですね。

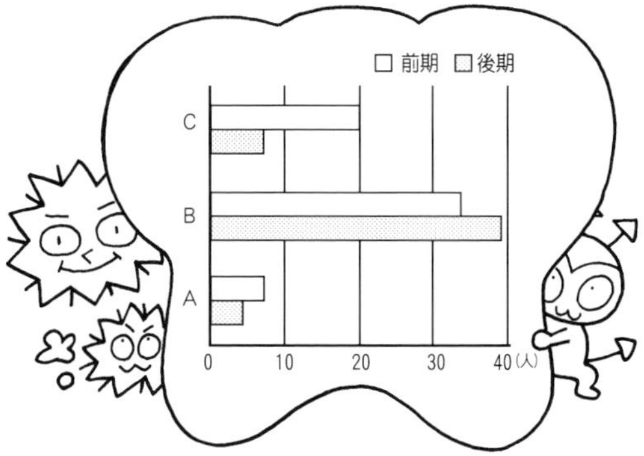

5年生の歯みがきの目標

① 第一、第二大臼歯《だいきゅうし》がきれいにみがける。
② 上下、外内、かみ合わせ面に歯ブラシの毛先が届く。
③ 犬歯《けんし》がきれいにみがける。
④ 歯みがきで歯肉炎《しにくえん》が改善できる。

裏面に『歯みがきカレンダー』『歯みがきテスト&歯ブラシチェック』の感想を掲載しました。ご覧ください。

ほけんだより 12月

久下小学校　保健室
H19.12.17 発行
6年生用

インフルエンザ流行のニュースが取り上げられていますが、ウイルス性胃腸炎《いちょうえん》（流行性嘔吐下痢症《りゅうこうせいおうとげりしょう》）の流行も心配です。どちらも出席停止（休んでも欠席にならない）になりますので、お医者さんで診断《しんだん》を受けたら、すぐに学校へ連絡《れんらく》してください。

12月の保健目標

外で元気に遊ぼう

今年の冬は咳エチケット

今年の冬は、インフルエンザの流行を防《ふせ》ぐために「咳《せき》エチケット」をよびかけています。（厚生労働省）

ウイルスはとても小さいので、空気中を漂《ただよ》っている場合はマスクを通してしまいます。しかし、咳《せき》やくしゃみなどのつばやしぶきの大部分はマスクで防《ふせ》ぐことができ、他の人が大量のウイルスの入ったツバやしぶきを吸《す》い込《こ》まずにすみます。（読売新聞 H19.11.28）

「咳《せき》エチケット」の3か条《じょう》は次の通りです。

1，咳《せき》・くしゃみの際《さい》にはティッシュなどで口と鼻を押《お》さえ、周《まわ》りの人から顔をそむける。
2，使用後のティッシュは、すぐにふたつきのゴミ箱に捨《す》てる。
3，症状《しょうじょう》のある人は、マスクを正しく着用し、感染防止《かんせんぼうし》に努める

1月の保健行事

冬休み明け身体計測
8日（火）高学年
10日（木）中学年
11日（金）低学年

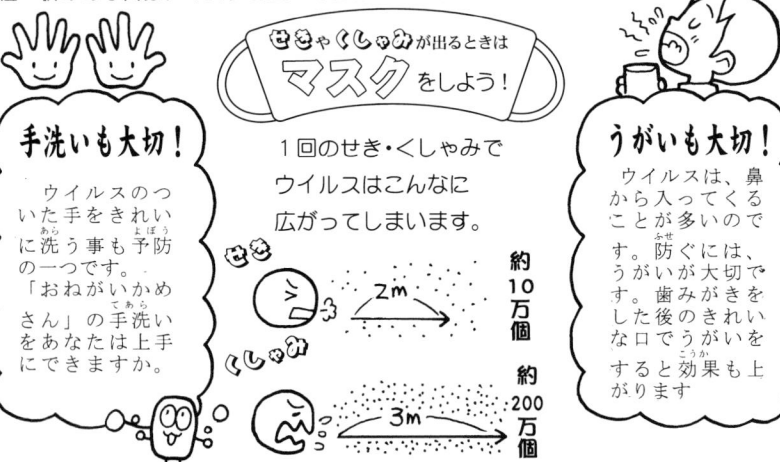

手洗いも大切！

ウイルスのついた手をきれいに洗《あら》う事も予防《よぼう》の一つです。「おねがいかめさん」の手洗《てあら》いをあなたは上手にできますか。

せきやくしゃみが出るときはマスクをしよう！

1回のせき・くしゃみでウイルスはこんなに広がってしまいます。

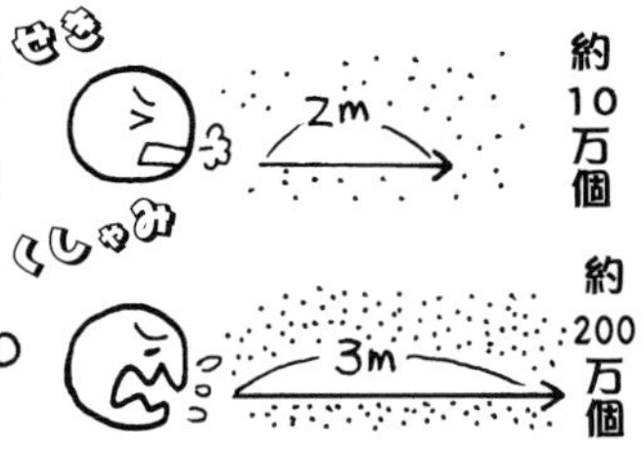

せき
2m
約10万個
くしゃみ
3m
約200万個

うがいも大切！

ウイルスは、鼻から入ってくることが多いのです。防《ふせ》ぐには、うがいが大切です。歯みがきをした後のきれいな口でうがいをすると効果《こうか》も上がります

第2回歯磨きカレンダーと歯みがきテスト＆歯ブラシチェック

11月8日は、いい歯の日

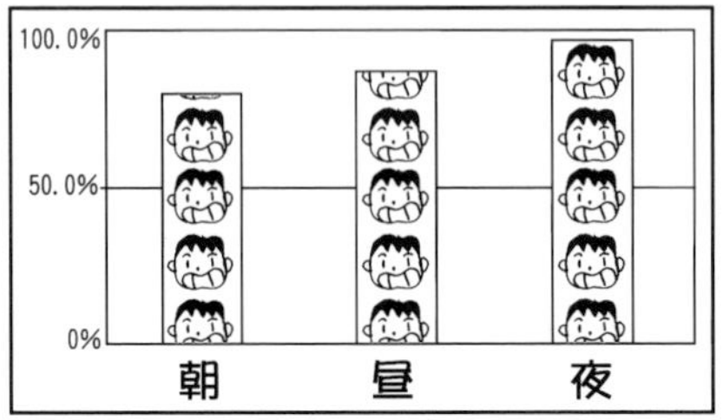

100.0%
50.0%
0%
朝
昼
夜

2回目の『歯みがきカレンダー』と『歯みがきテスト＆歯ブラシチェック』をお家で取り組んでいただきました。ご協力ありがとうございます。

左のグラフは、6年生の歯みがきカレンダーの結果です。朝の歯みがきの実施状況が、特に優れています。しかし、昼の歯みがきは残念ですが最低の実施状況でした。土日の昼の歯みがきがあまり出来ていないようです。色々な活動で忙しいのでしょうか。

『歯みがきテスト＆歯ブラシチェック』は、1回目のカードを一緒にお渡ししましたが、お役に立ちましたか？お子さんの歯みがきが上手になった様子が分ったでしょうか。

みがき方のクセが分かれば、みがき残しやすい場所も分かると思います。

右のグラフは、6年生の1回目と2回目の歯みがきテストを比べた様子です。

記録用紙の提出が少ないため、傾向がわかりません。お子さんが歯みがきテストをご家庭で取り組み、学校へ提出したかどうかご確認ください。

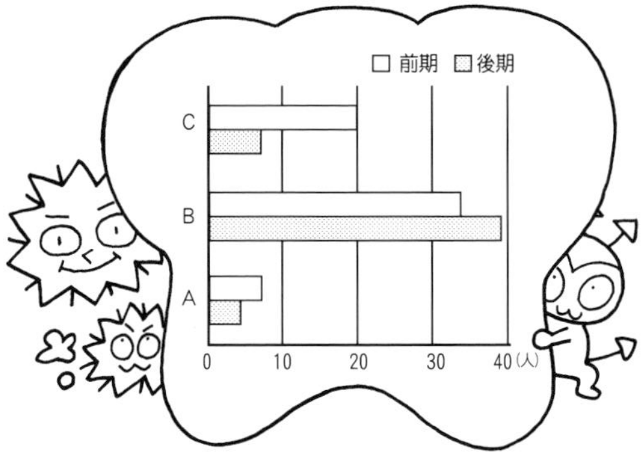

前期
後期
C
B
A
0
10
20
30
40(人)

6年生の歯みがきの目標

① すべての歯をきれいにみがくことができる。

② 歯みがきで歯肉炎が改善できる。

裏面に『歯みがきカレンダー』『歯みがきテスト＆歯ブラシチェック』の感想を掲載した。ご覧ください。

ほけんだより 1月

久下小学校　保健室《ほけんしつ》

H20.1.23 発行

一月の保健目標
うがい・手《て》洗《あら》いをして かぜを予《よ》防《ぼう》しよう

暖《あたた》かい日も多いのですが、雪の予報《よほう》が出ると、冬を実感します。熊谷市内もインフルエンザの流行が見られるようになりました。寒さと乾燥《かんそう》が、インフルエンザウイルスを活発にします。学校では、暖房《だんぼう》と加湿《かしつ》を心がけています。ご家庭でも、人混《ひとご》みへの外出を避《さ》けたり、マスクの利用《りよう》をお願《ねが》いします。

身体計測の結果

学	身長 (cm)				体重 (kg)			
年	男子	4月比	女子	4月比	男子	4月比	女子	4月比
1	121．8	4．3	119．9	4．4	25．4	2．2	22．6	2．2
2	126．0	4．1	126．0	4．1	26．5	2．4	25．2	2．1
3	134．8	4．3	131．3	4．4	33．1	3．3	28．4	2．6
4	136．2	4．1	138．8	4．9	33．4	3．3	34．5	3．2
5	142．3	3．6	143．4	5．3	37．0	3．3	36．4	3．8
6	150．9	5．3	151．3	4．2	44．2	4．0	42．9	4．5

※4月比《ひ》：4月の平均《へいきん》と比《くら》べて増《ふ》えた高さや重さ。

久下小で **年明けから多い感染症《かんせんしょう》**（出席停止《しゅっせきていし》の病気）

水ぼうそう（水痘《すいとう》）…主な症状《しょうじょう》　：発熱《はつねつ》・水ぶくれの発疹《ほっしん》など
　出席停止《しゅっせきていし》：すべての発疹《ほっしん》がカサブタになるまで

インフルエンザ　…主な症状《しょうじょう》　：カゼよりもひどい発熱《はつねつ》・頭痛《ずつう》・腰痛《ようつう》など
　出席停止《しゅっせきていし》：通常《つうじょう》は、熱《ねつ》が下がってから2日経過《けいか》するまで
　抗《こう》インフルエンザ薬使用の場合は、熱《ねつ》が下がってから3日を経過《けいか》するまで

ウイルス性胃腸炎《いちょうえん》
感染性胃腸炎《かんせんせいいちょうえん》
流行性嘔吐下痢症《りゅうこうせいおうとげりしょう》
…主な症状《しょうじょう》　：下痢《げり》・おう吐《と》
　出席停止《しゅっせきていし》：治《なお》るまで。必《かなら》ず、お医者さんの許可《きょか》が出てから登校させてください。

みなさんが、体を動かす時にドキッとすることがあります。こんなに寒いのに、背中《せなか》やおなかが見えるのです。

下着の働き、知ってる？

からだは、汗《あせ》（水蒸気《すいじょうき》）を絶《た》えず皮膚《ひふ》の表面から蒸発《じょうはつ》させています。
この蒸発《じょうはつ》ができなくなると体温調節《ちょうせつ》がしにくくなり、また衣服《いふく》が蒸《む》れて不快《ふかい》になります。（汗《あせ》で、ベタベタする感じ）下着はこの水蒸気《すいじょうき》になった汗《あせ》を外気中に放出します。

〈透湿性《とうしつせい》〉

透湿性《とうしつせい》・吸水性《きゅうすいせい》・保温性《ほおんせい》
この3要素《ようそ》に優《すぐ》れているのは
↓
綿《めん》の下着

※3要素《ようそ》の他にも汚《よご》れをよく吸《す》い取る、洗濯《せんたく》に強い、はだざわりがよい、比較的《ひかくてき》安いといった良い点があります。

〈吸水性《きゅうすいせい》〉

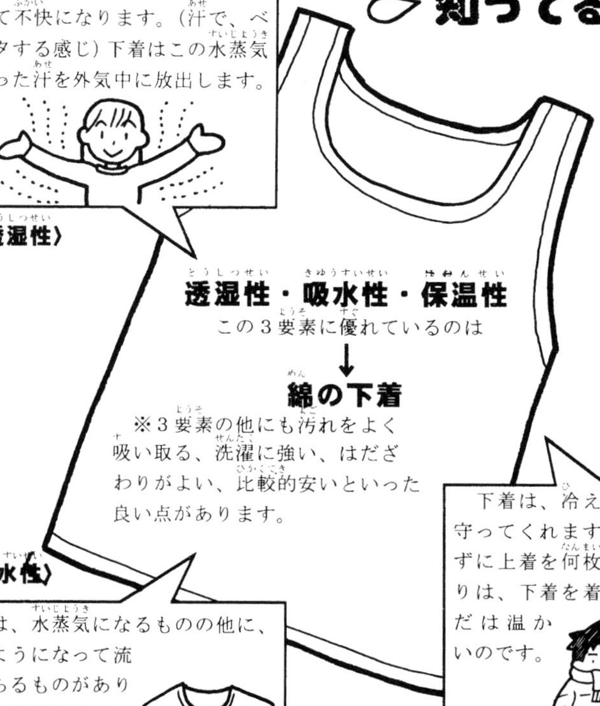

汗《あせ》は、水蒸気《すいじょうき》になるものの他に、水のようになって流れ落ちるものがあります。下着には、この流れ落ちる汗《あせ》を吸《す》い取《と》る働《はたら》きがあります。

〈保湿性《ほしつせい》〉

下着は、冷《ひ》えからからだを守ってくれます。下着をつけずに上着を何枚《なんまい》重ね着するよりは、下着を着たほうがからだは温かいのです。

寒い季節《きせつ》には、下着を着たほうがかぜもひきにくいですよ。

●冬でも、ひふからは汗《あせ》や分泌物《ぶんぴつぶつ》（皮脂《ひし》や垢《あか》など）が出ています。これを吸収《きゅうしゅう》してくれる下着はとっても大切です。こまめに洗濯《せんたく》をし、いつも清潔《せいけつ》な下着をつけるよう心がけたいですね（汚《よご》れると下着の効果《こうか》が減《へ》ってしまいます）。

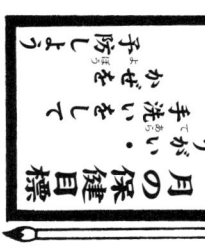

2月ほけんだより

臨　時

久下小学校　保健室
H２０．２．６

休日は雪が降り、気温の低い日が続いています。みなさんは、寒さに負けず元気に過ごしているようですね。

ところで、熊谷市内の小中学校では、インフルエンザの流行が見られます。テレビや新聞のニュースでも、インフルエンザの流行や抗《こう》インフルエンザ薬について話題になっています。

今年、みなさんがインフルエンザにかかってしまったら、おうちの方にお願いしたいことがあります。

おうちの方へ
お子さんがインフルエンザにかかり、自宅《じたく》で休む時には、急に症　状《しょうじょう》が悪化《あっか》したり、変わったりする事があります。決して、お子さんが一人きりになってしまわないように、してください。
（タミフル服用の有無にかかわらず）

インフルエンザと診断されたら

お子さんがお医者さんに「インフルエンザ」と診断された場合、出席停止《しゅっせきていし》となり、学校を休んでも欠席扱いになりません。感染力《かんせんりょく》の強い病気が該当《がいとう》しますので、他のお子さんにうつすことのないよう、出席停止《しゅっせきていし》の期間を必ず守ってください。

インフルエンザの出席停止《しゅっせきていし》期間

①通常の場合　…　**解熱後《げねつご》2日を経過《けいか》するまで。**

２抗《こう》インフルエンザ薬（リレンザ・タミフル・シンメトレル）
使用の場合　…　**解熱後《げねつご》3日を経過《けいか》するまで。**

※熱が下がった後もしばらくの間インフルエンザウイルスを排泄《はいせつ》しているためです。
（熊谷市医師会）

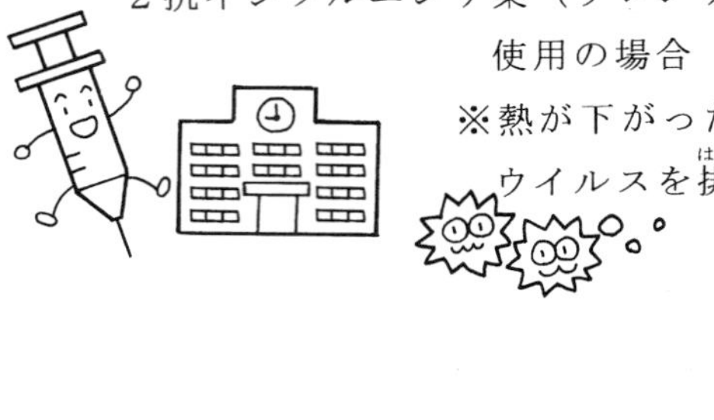

ほけんだより3月

久下小学校
保健室
H20. 3. 11

1年生

あたたかい日が続き、春《はる》のきざしがあちこちに見つけられるようになりました。そのためか、久下小学校では、インフルエンザの流行《りゅうこう》がまだありません。しかし、いままで通《どお》り、手洗《てあら》いうがいをきちんと続《つづ》けましょう。ウイルス性胃腸炎（流行性嘔吐下痢症・感染性胃腸炎）にかかるお子さんが見られます。ご注意ください。

３月は、１年の区切《くぎ》りの月です。４月と比《くら》べると、心も体も大きく、たくましく成長《せいちょう》したことでしょう。この１年をふりかえり、新《あたら》しい学年《がくねん》に向《む》かって出発《しゅっぱつ》しましょう。

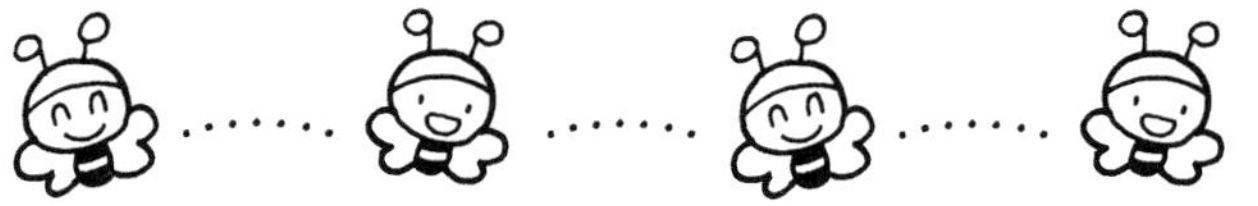

3月の目標

耳《みみ》を大切《たいせつ》にしよう
健康《けんこう》生活《せいかつ》を反省《はんせい》しよう

学校保健目標

保健室《ほけんしつ》の利用《りよう》の様子《ようす》

H19. 4～
H20. 3. 6

けがで利用した人数
1,153人
（352人）

人数《にんずう》は延《の》べ人数《にんずう》です
（　）は、1年生だけの人数《にんずう》です。

病気で利用した人数
531人
（151人）

けがをした人が多かった月
6月　152人
（　5月　52人）

病気の人が多かった月
9月　92人
（10月　32人）

けがをした人が多かった曜日
金曜日　274人
（金曜日　78人）

病気の人が多かった曜日
火曜日115人
（月曜日44人）

1年間《ねんかん》のけんこうチェック

1年間《ねんかん》のけんこうチェック	はやね・はやおき できた □	すききらいなく なんでも食《た》べられた □	よくからだを 動《うご》かした □
はみがきを きちんとした □	外《そと》から帰《かえ》ったら 手《て》あらいうがいをした □	友《とも》だちやおうちの 人とたくさん話《はな》した □	毎日《まいにち》がたのしく けんこうにすごせた □

□の中にチェックしましょう。よくできた…◎　だいたいできた…○
あまりできなかた…△　ぜんぜんできなかった…×

3月3日 耳の日のおはなし

耳《みみ》には２つのはたらきがあります。

ひとつは、みんなが知っている「音《おと》をききとる」こと。
もうひとつは？

「からだのつりあいをとる」ことです。

耳《みみ》の中《なか》、耳《みみ》のまわりはいつもきれいにしておこう。

耳《みみ》そうじは…

①１週間に１回《かい》は耳《みみ》の中《なか》のそうじをしよう。耳《みみ》そうじのようびをきめておこう。

②耳《みみ》かきは、やわらかいものを使《つか》い、「痛《いた》い」と感《かん》じるところから中《なか》へは入《い》れない。

③かたくてとりにくいときは、ムリをしないで、お医者さんにみてもらおう。

ほけんだより3月

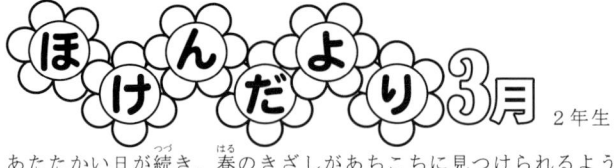

2年生

久下小学校
保健室
H 20. 3. 11

あたたかい日が続《つづ》き、春《はる》のきざしがあちこちに見つけられるようになりました。そのためか、久下小学校では、インフルエンザの流行《りゅうこう》がまだありません。しかし、いままで通《どお》り、手洗《てあら》いうがいをきちんと続《つづ》けましょう。ウイルス性胃腸炎（流行性嘔吐下痢症・感染性胃腸炎）にかかるお子さんが見られます。ご注意ください。ご注意《ちゅうい》ください。

３月は、１年の区切《くぎ》りの月です。４月と比《くら》べると、心も体も大きく、たくましく成長《せいちょう》したことでしょう。この１年をふりかえり、新《あたら》しい学年《がくねん》に向《む》かって出発《しゅっぱつ》しましょう。

3月の目標
耳《みみ》を大切《たいせつ》にしよう
健康生活《けんこうせいかつ》を反省《はんせい》しよう
学校保健目標

保健室《ほけんしつ》の利用《りよう》の様子《ようす》

H 19. 4～
H 20. 3. 6

けがで利用した人数
1，153人
（151人）

人数《にんずう》は延《の》べ人数《にんずう》です
（ ）は、2年生だけの人数《にんずう》です。

病気で利用した人数
531人
（35人）

けがをした人が多かった月
6月　152人
（11月　23人）

病気の人が多かった月
9月　92人
（5・9月　8人）

けがをした人が多かった曜日
金曜日　274人
（金曜日　46人）

病気の人が多かった曜日
火曜日115人
（火曜日　12人）

元気《げんき》に1年《ねん》をすごせましたか？

できたものに○をつけましょう。

- □ 早ね早おきをした
- □ 朝ごはんを毎日食べた
- □ うんこは毎日した
- □ しょくごのはみがきをした

- □ 元気にうんどうした
- □ 病気やけがをしなかった
- □ えがおであいさつできた
- □ お友だちとなかよくできた

3月3日は耳の日です

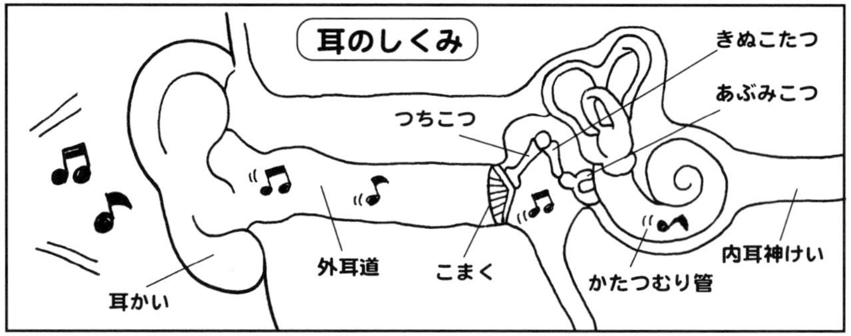

耳に入った音（ ）は、「外耳道《がいじどう》」を通《とお》って「こまく」（ ）に当たります。「こまく」が小さくしん動《どう》し、「つちこつ」、（ ）「あぶみこつ」、（ ）「きぬたこつ」（ ）へとじゅんばんに伝《つた》わります。そのしん動《どう》はだんだん大きくなり、３０倍《ばい》もの大きさになって「かたつむり管《かん》」（ ）などに伝《つた》わり、「内耳神《ないじしん》けい」を通《とお》り「のう」（ ）に伝《つた》えられ、わたしたちは音（ ）として聞《き》くことができるのです。

それでは、耳の外がわの部分《ぶぶん》「耳《じ》かい」（ ）はなんの役《やく》わりがあるのでしょうか？

「耳《じ》かい」は、おちちをのんで育《そだ》つ哺乳動物《ほにゅうどうぶつ》だけが持《も》っています。わたしたち哺乳動物《ほにゅうどうぶつ》は、とくに音にたよって生活《せいかつ》しているので、いろいろな音をキャッチできる「耳《じ》かい」を持《も》っているというわけです。

鳥《とり》の耳は、毛でかくれていてふだは見えません。

かえるの耳はじょうぶな「こまく」がむき出しになっています。

バッタの耳は、前足にあります。ずかんで見てね。

ほけんだより3月

3年生

久下小学校

保健室

H 20. 3. 11

あたたかい日が続《つづ》き、春のきざしがあちこちに見つけられるようになりました。そのためか、久下小学校では、インフルエンザの流行《りゅうこう》がまだありません。しかし、いままで通《どお》り、手洗《あら》いうがいをきちんと続《つづ》けましょう。学校では、ウイルス性胃腸炎《せいいちょうえん》（流行性嘔吐下痢症《りゅうこうせいおうとげりしょう》・感染性胃腸炎《かんせんせいいちょうえん》）にかかるお子さんが見られます。ご注意ください。

３月は、１年の区切《くぎ》りの月です。４月と比《くら》べると、心も体も大きく、たくましく成長《せいちょう》したことでしょう。この１年をふりかえり、新しい学年に向《む》かって出発《しゅっぱつ》しましょう。

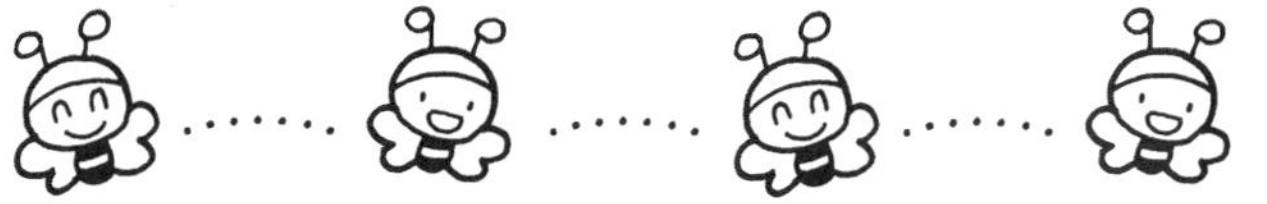

3月の目標

耳《みみ》を大切《たいせつ》にしよう
健康生活《けんこうせいかつ》を反省《はんせい》しよう

学校保健目標

保健室《ほけんしつ》の利用《りよう》の様子《ようす》

H 19. 4～
H 20. 3. 6

人数は延《の》べ人数です
（　）は、3年生だけの人数です。

けがで利用した人数
1, 153人
（150人）

病気で利用した人数
531人
（105人）

けがをした人が多かった月
6月　152人
（7月　24人）

病気の人が多かった月
9月　92人
（9月　19人）

けがをした人が多かった曜日
金曜日　274人
（木曜日　38人）

病気の人が多かった曜日
火曜日　137人
（火曜日　36人）

この1年の生活で 足りなかったものはなにかな？

この１年の生活で、足りなかったものは何かなぁ？はい・いいえでクイズに答えてください。どれが足りないのかわかったら、春休みのうちになおせるといいですね。

はい
いいえ ➡

～あなたはどのタイプ？～

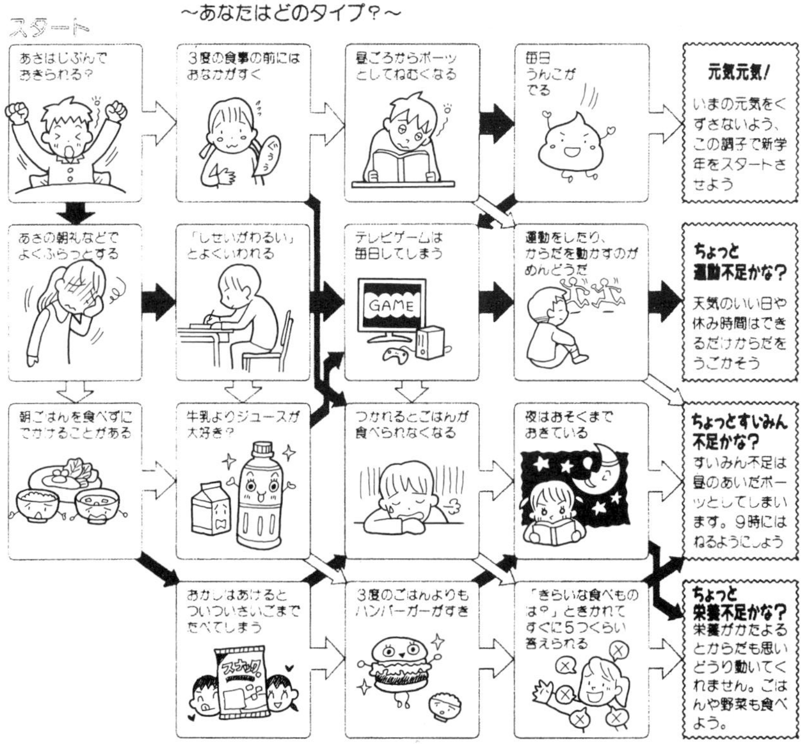

スタート
あさはじぶんでおきられる？
3度の食事の前にはおなかがすく
昼ごろからボーッとしてねむくなる
毎日うんこがでる
元気元気！
いまの元気をくずさないよう、この調子で新学年をスタートさせよう
あさの朝礼などでよくふらっとする
「しせいがわるい」とよくいわれる
テレビゲームは毎日してしまう
GAME
運動をしたり、からだを動かすのがめんどうだ
ちょっと運動不足かな？
天気のいい日や休み時間はできるだけからだをうごかそう
朝ごはんを食べずにでかけることがある
牛乳よりジュースが大好き？
つかれるとごはんが食べられなくなる
夜はおそくまでおきている
ちょっとすいみん不足かな？
すいみん不足は昼のあいだボーッとしてしまいます。9時にはねるようにしよう
おかしはあけるとついついさいごまでたべてしまう
スナック
3度のごはんよりもハンバーガーがすき
「きらいな食べものは？」ときかれてすぐに5つくらい答えられる
ちょっと栄養不足かな？
栄養がかたよるとからだも思いどうり動いてくれません。ごはんや野菜も食べよう。

春休みは「しん・がっ・き」の準備を！

しん。しんぱいな目や歯や耳の治療は今のうち！
がっ。学校でつかったエプロンや運動ぐつきれいにね！
き。きれいピカピカ机のまわり。本やノートも整理しよう。
これで新学期がスタートできますね!!

ほけんだより3月

久下小学校
保健室
H20. 3. 11

4年生

あたたかい日が続き、春のきざしがあちこちに見つけられるようになりました。そのためか、久下小学校では、インフルエンザの流行《りゅうこう》がまだありません。しかし、いままで通り、手洗《てあら》いうがいをきちんと続けましょう。学校では、ウイルス性胃腸炎《せいいちょうえん》（流行性嘔吐下痢症《りゅうこうせいおうとげりしょう》・感染性胃腸炎《かんせんせいいちょうえん》）にかかるお子さんが見られます。ご注意ください。

３月は、１年の区切《くぎ》りの月です。４月と比《くら》べると、心も体も大きく、たくましく成長したことでしょう。この１年をふりかえり、新しい学年に向《む》かって出発しましょう。

3月の目標

耳《みみ》を大切《たいせつ》にしよう

健康《けんこう》生活《せいかつ》を反省《はんせい》しよう

学校保健目標

保健室の利用の様子《ようす》

H19. 4～H20. 3. 6

人数は延《の》べ人数です
（　）は、４年生だけの人数です。

けがで利用した人数
1,153人
（138人）

病気で利用した人数
531人
（116人）

けがをした人が多かった月
6月　152人
（5月　22人）

病気の人が多かった月
9月　92人
（9月　26人）

けがをした人が多かった曜日
金曜日　274人
（水曜日　33人）

病気の人が多かった曜日
火曜日　137人
（月曜日28人）

耳のしくみのはなし

音は　どうやって聞こえるの？

いろいろな音は「空気のふるえ」として耳から入り、「こまく」で受け止められます。ふるえは、「こまく」から3つの小さな骨（耳小骨）、「かぎゅう」へと伝わり、こんどは電気信号となって脳へとどきます。そして、脳にとどいたとき「聞こえた」と感じるのです。

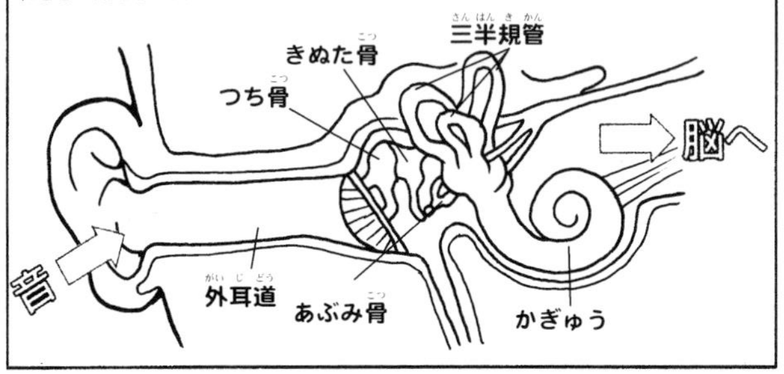

たいせつな耳だから
こんなことは
ぜったいにしないでね！

耳もとで大声を出す

耳やそのまわりをたたく

音を聞くために、大事な役割をしている「こまく」は、とてもデリケートです。耳の近くで大きな音を出したり、耳やそのまわりをたたかれたりすると、かんたんにやぶれてしまいます。

★★★１年をふりかえって★★★

できたことの左の□に○を書きましょう。

□ おいしくごはんを食べた

□ ぐっすりねむれた

□ 運動を楽しんだ

□ 病気の予防《よぼう》を心がけた

□ 清潔《せいけつ》を心がけた

□ 悩《なや》みはなるべく解決《かいけつ》できるようにした

□ 病気のちりょうはすませた

□ 楽しいと思えることがあった

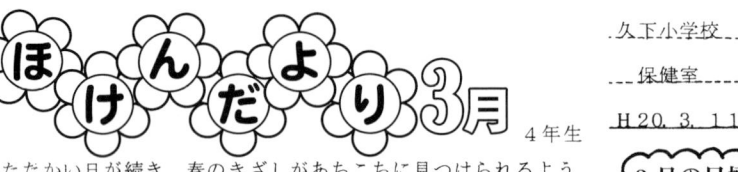

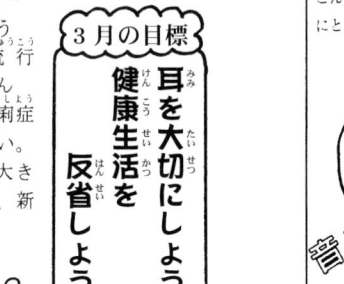

ほけんだより3月

久下小学校

保健室

H 20. 3. 11

5年生

あたたかい日が続き、春のきざしがあちこちに見つけられるようになりました。そのためか、久下小学校では、インフルエンザの流行がまだありません。しかし、今まで通り、手洗《てあら》いうがいをきちんと続けましょう。学校では、ウイルス性胃腸炎《いちょうえん》（流行性嘔吐《おうと》下痢症《げりしょう》・感染性胃腸炎《かんせんせいいちょうえん》）にかかるお子さんが見られます。ご注意ください。

３月は、１年の区切りの月です。４月と比《くら》べると、心も体も大きく、たくましく成長したことでしょう。この１年をふりかえり、新しい学年に向かって出発しましょう。

３月の目標

耳《みみ》を大切《たいせつ》にしよう

健康生活《けんこうせいかつ》を反省《はんせい》しよう

学校保健目標

保健室の利用の様子

H １９．４～
H ２０．３．６

人数は延《の》べ人数です（　）は、５年生だけの人数です。

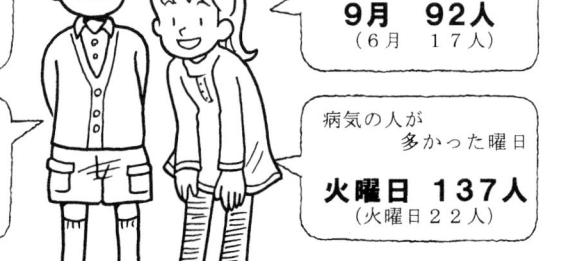

けがで利用した人数
1，153人
（２１１人）

病気で利用した人数
531人
（７５人）

けがをした人が多かった月
6月　152人
（２月　３８人）

病気の人が多かった月
9月　92人
（６月　１７人）

けがをした人が多かった曜日
金曜日　274人
（金曜日　６２人）

病気の人が多かった曜日
火曜日　137人
（火曜日２２人）

この1年、けんこうだった？

☺ できた　△ ふつう　✕ できなかった　の印をつけます。

かおあらい	食後のはみがき	そとからかえってうがいをする	そとからかえっててあらいをする	なんでもすききらいなくたべた
うんどうしてからだをきたえた	はんかちはながみをもっている	手や足のつめはみじかい？	冬はあつぎをしなかった	おふろにはいってきちんとあらう
本をよむときは３０cm目をはなしている	すいみんじかんをじゅうぶんとった	したぎをまいにちとりかえる	テレビ、TVゲームを１時間したら休けいする	あかるくすごした？

☺ は1つ10点
△ は1つ5点
✕ は1つ0点です

合計は何点になりましたか？

150～120点　健康な1年が送れましたね。
119～ 80点　もう少しからだのことを考えて。
70点以下　じょうぶなからだをつくりましょう。

耳の日クイズ

Ⓐ 耳のおくには［　　　］ににたうずまきがある。
a) なめくじ　b) かたつむり
（a → Ⓓ　b → Ⓑ）

Ⓑ 鼻をおもいきりかんでも耳にはまったく関係ない。
（ハイ → Ⓒ　イイエ → Ⓔ）

Ⓒ 耳あかそうじはめん棒や耳かきを使うのが正しい。
（ハイ → Ⓕ　イイエ → Ⓔ）

Ⓓ 耳のこまくは $1^{m}\!/\!_{m}$ の $\frac{1}{10}$ ほどのうすいまくである。
（ハイ → Ⓔ　イイエ → Ⓖ）

Ⓔ 日本人の耳あかはどちらかといえばかわいてる人が多い。
（ハイ → Ⓗ　イイエ → Ⓕ）

Ⓕ コウモリの耳をふさぐと
a) とべなくなる
b) もっととべる
（a → Ⓗ　b → もう少しだったね。）

Ⓖ 右からの音は右から。左の音は左から入ってくる。
（ハイ → Ⓗ　イイエ → Ⓘ）

Ⓗ あついものにさわったときに耳たぶをさわるのはからだの中で体温がひくいからだ。
（ハイ → がっくりしないで　イイエ → Ⓘ）

Ⓘ 高い音とひくい音、音を感じて振動するところは同じ
（ハイ → もっと耳のことを勉強してほしいな！　イイエ → がっくりしないで）

もっと耳のことを勉強してほしいな！

がっくりしないでもう１度チャレンジしてね

もう少しだったね。いろんなことを耳にして勉強してね。

正答　Ａｂ　Ｂイイエ　Ｃハイ　Ｄハイ　Ｅハイ　Ｆａ　Ｇハイ　Ｈハイ　Ｉイイエ

ほけんだより3月

久下小学校

保健室

H 20. 3. 11

6年生

あたたかい日が続き、春のきざしがあちこちに見つけられるようになりました。そのためか、久下小学校では、インフルエンザの流行がまだありません。しかし、今まで通り、手洗いうがいをきちんと続けましょう。学校では、ウイルス性胃腸炎《いちょうえん》（流行性嘔吐《おうと》下痢症《げりしょう》・感染性胃腸炎《いちょうえん》）にかかるお子さんが見られます。ご注意ください。

3月は、1年の区切りの月です。6年生にとっては小学校生活最後の月ですね。入学した時と比べると、心も体も大きく、たくましく成長したことでしょう。この6年間をふりかえり、中学校に向かって出発しましょう。

3月の目標

耳《みみ》を大切《たいせつ》にしよう

健康《けんこう》生活《せいかつ》を反省《はんせい》しよう

学校保健目標

保健室《ほけんしつ》の利用《りよう》の様子《ようす》

H19. 4～H20. 3. 6

人数は延べ人数です（　）は、6年生だけの人数です。

けがで利用した人数 **1,153人**（151人）

病気で利用した人数 **531人**（49人）

けがをした人が多かった月 **6月　152人**（9月　26人）

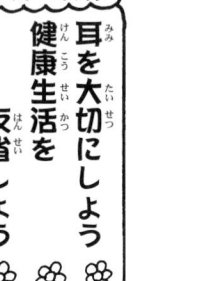

病気の人が多かった月 **9月　92人**（9月　10人）

けがをした人が多かった曜日 **金曜日　274人**（金曜日　36人）

病気の人が多かった曜日 **火曜日　137人**（火曜日16人）

耳の健康　悪魔のささやき 天使のささやき　キミはどちらを信じる？

●耳あかがたまったとき

耳そうじなんて
メンドウだよな！

ヒント　耳そうじをしないでほおっておくと、たまった耳垢が固まって、耳の穴をふさいでしまう「耳垢栓塞」という病気になってしまいます。

綿棒などで、やさしくこまめに耳そうじを

ヒント　耳そうじをするときは、綿棒など先のやわらかいものでして下さい。エンピツやつめを使うと、耳の穴の壁や鼓膜を傷つけてしまいます。

●音楽を聴《き》くとき

ヘッドホンで、大きな
音で聴くと大迫力だぜ

ヒント　ヘッドホンで大きな音を聴きつづけると、耳の音を伝える神経が鈍くなって、音が聴こえにくくなる「ヘッドホン難聴」になってしまいます。

スピーカーで聴く
のが耳に自然です

ヒント　スピーカーから自然に流れてくる音を聴く方が、耳にはずっとやさしいのです。スピーカーでも、大音響はダメ。まわりの物音が聞こえるくらいの音量で

●鼓膜《こまく》はデリケート？

ばしっ
耳の穴の奥に
かくれてるから
大丈夫さ！

ヒント　鼓膜は直径約9ミリ、厚さ0.1ミリ、真珠色のとても薄い膜です。耳の穴の奥にありますが、大きな音などで、かんたんに破れてしまいます。

とてもデリケートだから、
大切にしてね

ヒント　耳のそばで大きな声を出したり、耳をたたいたりすると、鼓膜が破れることがあるので、絶対にしないでください。

●鼻をかむとき

ちーん
耳に関係ないだろ！
好きなようにかめば
イイさ！

ヒント　鼻をかんだとき、耳がツーンとしたことがありませんか？鼻と耳は耳管《じかん》という管《くだ》でつながっています。

静かに、片方の鼻の
穴ずつかむように
してね

ヒント　鼻を強くかむと、鼓膜《こまく》に空気の圧力がかかって、破れてしまうこともあります。耳がツーンとならないぐらいに、静かにかんでください。

最後の保健のお話です。『健康ってなんだろう？』「健康」というと、完全無欠の心と体を思い浮《う》かべるかもしれません。けれど、その人にとって「私は健康」といえる状態であれば、病気や心配事の一つや二つあっても「健康の価値」を下げることにはなりません。だから、「健康を維持《いじ》」する努力だけは忘れないでね。

ほけんだより7月

平成19年7月6日　　前川東小学校　保健室

むし暑《あつ》い日と肌寒《はだざむ》い日が交互《こうご》にやってきて体調《たいちょう》を崩《くず》しやすい時期《じき》ですが、もうすぐ梅雨《つゆ》があけて、みんなが楽《たの》しみにしている夏休《なつやす》みがはじまります。長い休みだからできること、やってみたいことなどいろいろあるでしょう。規則正《きそくただ》しい生活《せいかつ》を心《こころ》がけ、充実《じゅうじつ》した夏にしましょう。

夏《なつ》の病《びょう》気《き》にご注《ちゅう》意《い》!!

熱中症《ねっちゅうしょう》 暑《あつ》い環境《かんきょう》のもとで発生《はっせい》する障害《しょうがい》で、次《つぎ》の①~④をまとめて熱中症《ねっちゅうしょう》といいます。

症状《しょうじょう》は?
①**熱《ねつ》けいれん**：手足《てあし》やおなかの筋肉《きんにく》の痛《いた》み、けいれん
②**熱失神《ねつしっしん》**：めまい、顔色《かおいろ》が悪《わる》い、脈《みゃく》が速《はや》くて弱《よわ》い
③**熱疲労《ねつひろう》**：力《ちから》が入《はい》らない、だるい、頭痛《ずつう》、吐《は》き気《け》
④**熱射病《ねっしゃびょう》**：体温《たいおん》が異常《いじょう》に高《たか》い、皮膚《ひふ》が乾燥《かんそう》、反応《はんのう》がにぶい、言動《げんどう》がおかしい

予防《よぼう》するために
帽子《ぼうし》をかぶって直射日光《ちょくしゃにっこう》をさける。こまめに水分《すいぶん》をとる(塩分《えんぶん》も含《ふく》まれたスポーツドリンクなどがよい)。

プール熱《ねつ》 プールでうつることの多《おお》い感染症《かんせんしょう》です。難《むずか》しい名前《なまえ》では「咽頭結膜熱《いんとうけつまくねつ》」といいます。

症状《しょうじょう》は?
高熱《こうねつ》(38~40度《ど》)、のどの痛《いた》みや腫《は》れ、目《め》の充血《じゅうけつ》や目《め》やに

予防《よぼう》するために
手洗《てあら》い・うがいをする。プールの前後《ぜんご》にはシャワーをよく浴《あ》びる。タオルを共用《きょうよう》しない。

とびひ あせもや湿疹《しっしん》、虫《むし》さされなどによる傷口《きずぐち》に細菌《さいきん》が感染《かんせん》することで起こる皮膚《ひふ》の病気《びょうき》です。そこをかいた手《て》から、文字通《もじどお》り「飛《と》び火《ひ》」するようにひろがっていきます。

症状《しょうじょう》は?
かゆみのある水《みず》ぶくれ、ただれ、かさぶた

予防《よぼう》するために
毎日《まいにち》お風呂《ふろ》に入《はい》って、体《からだ》を清潔《せいけつ》にする。
日頃《ひごろ》から手《て》をよく洗《あら》い、ツメは短《みじか》く切《き》っておく。

子どもはおとなにくらべて汗やおしっこの量が多いので、こまめに水分をとるようにしましょう。

毎《まい》日《にち》元《げん》気《き》に過《す》ごせますように

日《にち》 お日《ひ》さまのように、明《あか》るく元気《げんき》に!

月《げつ》 げつそり夏《なつ》バテに注意《ちゅうい》!!

火《か》 花火《はなび》は大人《おとな》といっしょに。

水《すい》 水《みず》の事故《じこ》に気《き》をつけて。

木《もく》 もくひょうをもって楽《たの》しい夏休《なつやす》みを!

金《きん》 お金《かね》の貸《か》し借《か》りはトラブルのもと。

土《ど》 土《つち》遊《あそ》びの後《あと》は、手《て》を洗《あら》おう

7月の保健行事《ほけんぎょうじ》

☆18日(水)
水泳記録会事前健康診断《すいえいきろくかいじぜんけんこうしんだん》
☆下旬
プール検査《けんさ》
シックスクール検査

夏もやけどに注意

●花火：やかんやストーブの数倍!
火のついたところに手を出してやけどをしたり、自分で持っていた花火が衣服に燃え移った例も。

●車の中：外気温の2倍以上!
シートベルトやチャイルドシートの金具が肌にふれて、やけどをすることがあります。

●バーベキュー着火剤《ちゃっかざい》：引火に注意!
着火剤が衣服につくと、炎が燃え移ることがあります。

楽しい夏の思い出が、ケガの思い出にならないよう、じゅうぶん気をつけましょう。

<おうちの方へ>

麻しん(はしか)の予防接種はおすみですか?

埼玉県内の流行はだいぶ落ち着いたようですが、各家庭で引き続き感染防止のためのご協力をお願いいたします。

○お子様が予防接種を受けているかのご確認を再度、お願いいたします。
○予防接種を受けていない場合や不明の場合等、できるだけ早く接種を受けることをお勧めします。
○朝から熱がある場合は、学校を欠席し医療機関の診察を受けてください。なお、麻しんを発症した場合は、速やかに担任までお知らせください。

“早ね・早おき・朝ごはん”をお願いします。

連日、体調が悪くなって保健室へやってくる人がたくさんいますが、その中に、すいみん不足、朝食を食べていない子が多くいます。夏の暑さを元気に乗り越えるためには、育ち盛りの子どもたちにとって、すいみんと食事がとても大切です。

今年度、第1回学校保健委員会でも話し合いましたが、お子さんの健康管理をよろしくお願いいたします。

健康診断の結果、治療通知をもらった人は、早めの治療をお願いします。

平成19年度 発育測定結果

項目		学年	1年	2年	3年	4年	5年	6年
身長 (cm)	男子	本校平均	116.4	122.8	128.4	134.1	140.8	144.6
		県平均	116.8	122.3	128.2	133.9	138.6	145.3
		差	△ 0.4	0.5	0.2	0.2	2.2	△ 0.7
	女子	本校平均	114.5	121.9	127.5	134.1	139.8	147.3
		県平均	116.0	121.5	127.9	133.8	140.7	147.6
		差	△ 1.5	0.4	△ 0.4	0.3	△ 0.9	△ 0.3
体重 (kg)	男子	本校平均	22.1	24.3	27.4	32.4	38.3	40.0
		県平均	21.8	24.0	27.0	31.3	33.9	38.6
		差	0.3	0.3	0.4	1.1	4.4	1.4
	女子	本校平均	21.0	24.1	27.1	30.7	34.0	41.6
		県平均	20.9	23.4	26.8	30.0	34.4	39.9
		差	0.1	0.7	0.3	0.7	△ 0.4	1.7
座高 (cm)	男子	本校平均	64.0	67.5	70.4	73.1	75.8	77.7
		県平均	65.0	67.5	70.2	73.0	74.8	77.7
		差	△ 1.0	0.0	0.2	0.1	1.0	0.0
	女子	本校平均	63.4	67.0	70.2	73.0	75.7	79.4
		県平均	64.3	67.2	70.1	72.9	76.2	79.7
		差	△ 0.9	△ 0.2	0.1	0.1	△ 0.5	△ 0.3

★ 県平均は平成18年度のものです

★ 差は前川東小平均ー県平均、△はマイナスを表し、県平均より低いことを表します

編集注：P87「ほけんだより」の裏面

ほけんだより

9月号

平成19年9月4日　　前川東小学校　保健室

夏休《なつやす》みも終《お》わり、いよいよ2学期《がっき》が始《はじ》まりました。まだまだ暑《あつ》い日が続《つづ》きそうですが、9月は運動会《うんどうかい》の練習《れんしゅう》など体を動かす機会《きかい》がふえます。規則正《きそくただ》しい生活《せいかつ》を心《こころ》がけ、体調《たいちょう》を整《ととの》えておきましょう。

こんな生活《せいかつ》リズムになっていませんか?

夜《よる》、遅《おそ》くまで起《お》きている
マンガ
朝《あさ》、なかなか起《お》きられない
朝《あさ》ごはんが食《た》べられない
いらない
頭《あたま》がボーッとしていて、体《からだ》もだるい
元気《げんき》に体《からだ》を動《うご》かせない
夜《よる》、眠《ねむ》くならない
悪循環《あくじゅんかん》の生活《せいかつ》リズム

生活《せいかつ》リズムを立《た》て直《なお》すには

1 まずは早起《はやお》きから始《はじ》めよう

早寝早起《はやねはやお》きのリズムを確立《かくりつ》するには、つらくてもまずは早起《はやお》きから始《はじ》めましょう。朝《あさ》の太陽《たいよう》の光《ひかり》を浴《あ》びれば、眠《ねむ》けもすっきりしますよ。

2 朝《あさ》ごはんを欠《か》かさず食《た》べよう

朝《あさ》ごはんは、一日《いちにち》を元気《げんき》にスタートさせる大切《たいせつ》なエネルギー源《げん》です。朝《あさ》ごはんを食《た》べれば、脳《のう》も体《からだ》もしっかり目覚《めざ》めてきます。

3 昼間《ひるま》は元気《げんき》に体《からだ》を動《うご》かそう

昼間《ひるま》の運動量《うんどうりょう》が少《すく》ないと、夜《よる》になってもなかなか眠《ねむ》くならないものです。元気《げんき》に体《からだ》を動《うご》かすことが、夜《よ》ふかしせずにぐっすりと眠《ねむ》れる秘訣《ひけつ》です。

あかいツメ・あおいツメ・・・

本校では発育測定《はついくそくてい》を年に3回実施《じっし》しており、その時、はだしで行っていますが、くつ下をぬいだ足を見ると赤いツメ、青いツメ、キラキラのツメの人が低学年《ていがくねん》から高学年に何人か見られます。おしゃれによる健康障害《けんこうしょうがい》もでてきますので、注意《ちゅうい》が必要《ひつよう》です。マニキュアや除光液《じょこうえき》をたびたび使っていると、ツメは乾燥《かんそう》していたんできます。するとツメがざらざらしたりデコボコしてきます。ツメは、自力で修復《しゅうふく》する力がないのでなかなかもとにもどらなくなります。

若い時のツメは、ピンク色で光をあてるとツメが輝いています。さて、あなたにマニキュアは必要ですか？

足《あし》の爪《つめ》の正《ただ》しい切《き》り方《かた》は?

●横《よこ》にまっすぐ切《き》る

→爪《つめ》の角《かど》を切《き》り込《こ》まない(爪《つめ》の角《かど》は、皮膚《ひふ》の先《さき》から少《すこ》し出《で》るくらいにしておくとよい)。

○
×

●深《ふか》く切《き》りすぎない

→指《ゆび》の先端《せんたん》と同《おな》じくらいの長《なが》さか、1ミリくらい長《なが》めにしておく。

足の爪を短く切りすぎると角が食いこんで痛くなったり赤くはれたりします。週に1回は爪のチェックをしましょう！

9月9日は「救急《きゅうきゅう》の日」

AEDの正式名は「自動体外式除細動器《じょさいどうき》」。心臓がけいれんして、血液を送れなくなった時に電気ショックを与え心臓の動きを元にもどすための医療器具です。
AEDは医療器具ですが、一般の人にも使うことが認められています。音声ガイドの指示に従い、操作するので簡単です。
公共施設などを中心に設置が進められ、前川東小でも設置されました。職員玄関前に置いてあります。

AED

〜9月のほけん行事〜
5日（水）　発育測定《はついくそくてい》　5・6年
6日（木）　発育測定　3・4年
7日（金）　発育測定　1・2年

ほけんだより

10月号

平成１９年10月４日　　前川東小学校　保健室

すっかり秋《あき》めいて、だんだん日《ひ》が短《みじか》くなってきました。放課後《ほうかご》、外遊《そとあそ》びの時間《じかん》もだんだん少なくなってきましたが、そのぶん読書《どくしょ》などをして秋の夜長《よなが》を楽《たの》しみたいですね。でも、“早《はや》ね・早起き・朝ごはん”は忘《わすれ》れずに心《こころ》がけてくださいね。

10月10日は

目の愛護デー

携帯ゲーム機で目を悪くする前に！

目がつかれる前に休みましょう！

最近はやりの携帯ゲーム、時間をわすれてやっている人もいるかもしれません。しかし右のグラフにもあるように私たちがテレビやゲームをするようになってから視力の低下する人がふえています。ゲームで遊ぶ日をへらし外遊びをするなど遊び方をふくめて過ごし方を考えましょう。

●照明、採光について

目に入る光が明るくなりすぎないように部屋の照明や画面の明るさなどを工夫しましょう。

●時間について

１時間以上やらないようにして、と中に１０～１５分休みましょう。

●姿勢

寝転がる姿勢は×。いすに腰かけるなど正しい姿勢を心がけましょう。

外で元気に

今年は、１０月８日が体育の日です。

外で遊ぶのによい季節となりました。最近の研究で運動は体を育てるだけでなく、脳を活性化させることもわかってきました。

天気がよい日には外で思いきり体を動かしましょう。

外であそびましょう！

子どもは目にトラブルがあっても自分で気づくことができず、そのままになってしまうことがあります。普段から子どものようすを観察して、目を細めている、片目をつぶってみているなど「おかしいな・・」と思うことがあったら眼科医に早めに受診しましょう。

10月のほけん行事

９日（火）修学旅行
大貫事前健康診断
１７日（水）給食室検査

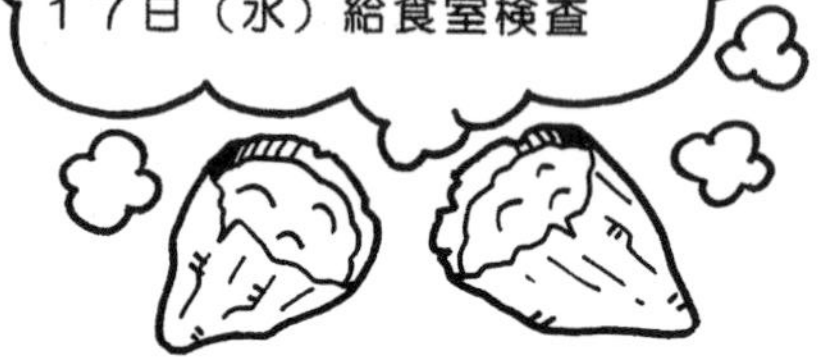

秋冷えに注意！

「暑い！」から急に寒く感じる日がふえてきました。かぜをひきやすい時期でもあります。気温にあわせて服装の調節をしましょう。

また、うがい、手あらいを心がけましょう！

おうちの方へ

視力（B～D）のうつりかわり

２７年前からのうつりかわりをみても０．９以下の小学生の割合がふえていることがわかります。

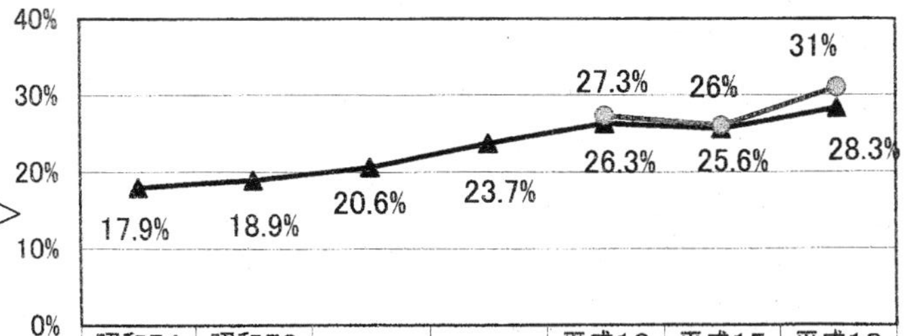

	昭和54年	昭和59年	平成元年	平成5年	平成10年	平成15年	平成18年
全国	17.9%	18.9%	20.6%	23.7%	26.3%	25.6%	28.3%
前川東小					27.3%	26%	31%

ほけんだより

11月号

平成19年11月5日　　前川東小学校　保健室

校庭《こうてい》の木々《きぎ》が赤《あか》や黄色《きいろ》にきれいに色づき、秋《あき》が深《ふか》まってきました。朝夕《あさゆう》の冷《ひ》えこむ日が多《おお》くなり、北《きた》の方から冬《ふゆ》のたよりも聞《き》こえるようになりました。

前川東小でも、かぜでお休みする人が少しずつふえてきました。冬に備《そな》えて体力《たいりょく》をつけ、かぜ予防《よぼう》の準備《じゅんび》をしましょう。

11月8日は
いい歯の日

いつもは気づかなくても失ってはじめて気づくものの中に“健康”があります。

もし、歯がなかったら・・・。

むし歯が痛くておいしくごはんが食べられなかったら・・・

今はむし歯がないからといってはみがきをおろそかにしたら・・・

今は大丈夫でも一生使う自分の歯。きちんと毎食後はみがきをして歯を大切にしましょう！

せっけん

むし歯を治していない人は早く治しましょう！

かぜに負けないからだをつくろう！

外から帰ったら手あらい・うがいを習慣にしましょう

からだに「ていこう力」をつけよう！

何でも食べよう
ぐっすりねよう
からだを動かそう
外で遊ぼう

11月10日は トイレの日
トイレは きれいに使《つか》おう！
ジャー
ガチャッ
はねたり、はみ出したりしないように、一歩前へ
使い終わったら、必ず水を流しましょう
トイレからでたら、手を洗いましょう
トイレットペーパーがなくなったらとりかえましょう
トイレのドアは必ずしめましょう！

１１１０を「いいトイレ」と読めることから、１１月１０日を『いいトイレの日』と日本トイレ協会が制定しました。

うんちを知れば健康状態を知ることができ、トイレットペーパーの正しい使い方を知れば環境問題を知ることになり、地球にやさしくなれる。そして、トイレの正しい使い方を知ればマナーを身につけることになるなど、トイレからさまざまなことが学べます。

トイレ出る時は必ず、よごしていないか？流し忘れていないか？ペーパーが、なくなっていないか？など次に入る人のことを考えてかくにんするようにしましょう。　いつでもみんなで、気持ちよく使えるトイレにしたいですね。

コロコロうんち　**水っぽいうんち**　**理想的なうんち**

やさいが不足だよ
水分のとりすぎだよ
バナナ型のうんち
けんこうだよ！

１１月の保健行事

９日（金）就学時健康診断
１６日（金）生活習慣病予防検診
１９日（月）体重測定１，２年
２０日（火）教室の照度検査
２１日（水）体重測定３，４年
２２日（木）学校保健委員会
　～朝ごはんについて話し合います～
２８日（水）臨時歯科健診１．４．６年
３０日（金）臨時歯科健診２．３．５年

排便は、大切な生活習慣です。**毎日排便する習慣をつけましょう。**うんちをした後は**自分でチエック**するようにしましょう。からだを通って出てくるうんちは、からだの健康状態を知ることができる**からだからの大切なおくり物**です。流す前によくみてみましょう。

ほけんだより

12月号

平成19年12月6日　　前川東小学校　保健室

すっかり寒《さむ》くなってきました。外が寒くなると家にこもりがちになりますが、あたたかくてしめきったへやの中は、かぜのウイルスもこもりがちになります。時間《じかん》をきめて窓《まど》をあけ、空気《くうき》の入れかえをしたり、外へ出て新鮮《しんせん》な空気をすってリフレッシュするようにしましょう。

もうすぐ冬休みになります。規則《きそく》正しい生活《せいかつ》を心がけ、元気に新年《しんねん》をむかえましょう。

インフルエンザ注意報

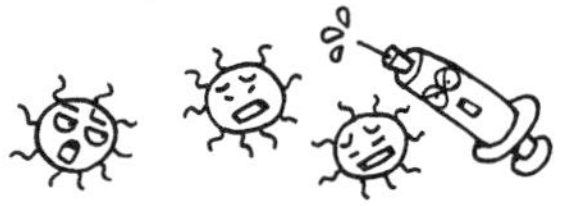

今年はインフルエンザの流行がはやく、埼玉県内でもすでに学級閉鎖が行われた学校があります。前川東小学校では、保健室にくる人は、腹痛や気持ち悪いなどの症状が多く、インフルエンザにかかっている人はいませんが、注意が必要です。

インフルエンザはふつうのかぜとちがい38度以上の発熱、頭痛、関節痛などの全身症状が強くでる病気です。子どもの場合は脳症をひきおこすこともあるので、十分に注意しましょう。「かかったかな・・・」と思ったら早めにお医者さんへ行き診てもらいましょう。

＜インフルエンザの予防法＞

○外から帰ったら手洗い・うがいをする
○十分なすいみんと栄養をとる
○必要な時以外は人ごみをさける
○へやの乾燥を防ぐ（加湿器、植物をおくなど）

冬《ふゆ》を温《あたた》かく過《す》ごすための衣服《いふく》の工夫《くふう》

※下着《したぎ》（肌着《はだぎ》）を必《かなら》ずつける
※一番外側《いちばんそとがわ》に風《かぜ》を通《とお》しにくい素材《そざい》の服《ふく》を着《き》る
※「3つの首《くび》」をしっかりガードする
①えり首→タートルネックの服《ふく》を着《き》る、マフラーをつける
②手首《てくび》→手袋《てぶくろ》をつける
③足首《あしくび》→靴下《くつした》をはく

広げるなインフルエンザ
広げよう咳《せき》エチケット

あなたのからだをかぜから守《まも》る5の方法《ほうほう》

1 睡眠《すいみん》

方法 ●早いめに寝る。寒くなく、汗の出ない程度に、着るものを調節する。
効果《こうか》 ●からだの疲れをとり、免疫力を高める。

2 換気《かんき》と加湿《かしつ》

方法 ●窓や出入口を開ける。約5分で完了。
●ぬれタオルや洗濯物を干しておく。
●ウイルスを排出し、湿度を高めて、ウイルスが嫌いな環境をつくる。

3 食べ物

方法 ●いろいろなものを、バランスよく食べる。
効果 ●ビタミンAは、粘膜を強化し、ビタミンC、Eは、免疫力を高める。
●ネギ、ショウガ、ニンニクは、からだを温める。

4 手洗《てあら》い うがい

方法 ●せっけんをつけて、指の間や指先まで、ていねいに。
効果 ●手についたウイルスを洗い流して、少なくする。

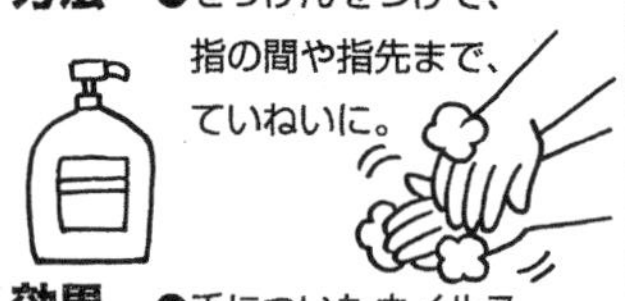

方法 ●水をふくんで、ブクブク。
●上を向いて、ガラガラ。

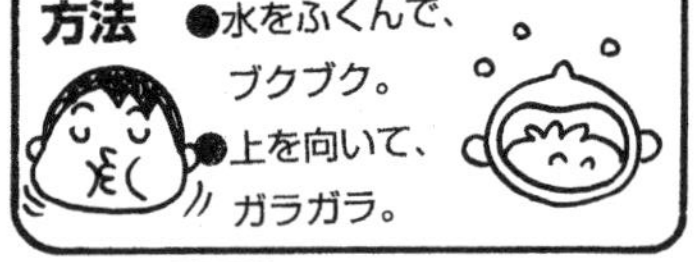

5 呼吸法《こきゅうほう》

方法 ●鼻から吸って、鼻から吐く。
効果 ●鼻の中を通る間に冷たい空気が温められ、のどに到達《とうたつ》するまでに、ウイルスの多くが取り除かれる。

鼻呼吸を心がけましょう

鼻はフィルターのやくめをします

健康なからだは規則正しい生活から…

ある実験では、手あらいを30秒することで、手についた菌が100分の1に減ったそうです。逆にいえば、手洗いをしていない手には、した手の100倍、菌がいるということになります。

30秒《びょう》 → $\frac{1}{100}$

水が冷たい季節になりましたが、かぜ予防のために、手洗いを習慣にさせましょう。

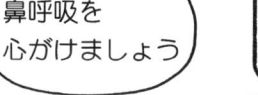

ほけんだより

1月号

平成２０年１月１０日　　前川東小学校　保健室

新年《しんねん》を迎《むか》え３学期《がっき》が始《はじ》まりました。今年はねずみ年で、“子年《ねどし》”と書《か》きます。“子”という字は、頭《あたま》が大きくて手足《てあし》が小さい子どもの形《かたち》を表《あらわ》していて、“子ども”や“小さいもの”を意味《いみ》しています。こまめに動き回るネズミのイメージは元気に遊び回る子どもの姿《すがた》と重《かさ》なりますね。

今年は、運動にお手伝いに、こまめに体を動かすようにチュー意（注意）して、元気に毎日を過ごしましょう。

健康《けんこう》な一年《いちねん》は、“よく寝《ね》て、よく食《た》べ、よく動《うご》く”ことから！

よく寝《ね》る…夜《よ》ふかしをしないで、しっかり睡眠《すいみん》をとろう。そして、朝《あさ》は早《はや》く起《お》きよう！

よく食《た》べる…好《す》き嫌《きら》いをせず、一日《いちにち》3食《しょく》きちんと食《た》べよう。
特《とく》に朝《あさ》ごはんは抜《ぬ》かないようにね！

よく動《うご》く…昼間《ひるま》は外《そと》で元気《げんき》にからだを動《うご》かそう。
おうちのお手伝《てつだ》いも積極的《せっきょくてき》にしようね！

冬休み明けのこの時期、寒さと重なって、朝なかなか起きられない人もいるかもしれません。そんな人のために生活リズムをもどすコツを教えます。

- 夜は、昨日より１０分早く寝る。
- 朝は、今朝より１０分早く起きる。

これを目標の時間になるまで続けます。少しずつなら無理なくできると思います。できていない人は、さっそく今日から始めましょう。

早ね・早起き・朝ごはんで健康な体！

かぜ・インフルエンザを防《ふせ》ぎましょう

３学期になり、かぜやインフルエンザでお休みしている人がいますが、かぜやインフルエンザの流行はこれからが本番です。基本的《きほんてき》なことが一番の予防法《よぼうほう》です。

いわれなくても自分でできることは自分でやりましょう！

- うがい、手あらい
  遊んだ後、食事の前、帰宅時など習慣にしましょう
- 衣服《いふく》の調節《ちょうせつ》
  寒くても冷たい風がふいていても、走りまわった後に汗をかいている子がいます。遊んだ後は、汗をふきましょう。また、寒かったら着る、暑かったら脱ぐを面倒《めんどう》がらずに実行しましょう
- 換気《かんき》と加湿《かしつ》
  空気を入れかえて、適度な温度、湿度を保ちましょう。

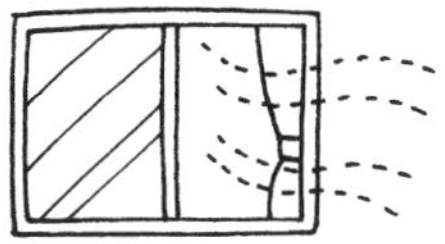

＊　**疲れもかぜの原因になります。疲れをためないようにしましょう。**

かぜをひいたときの３原則《げんそく》

休養《きゅうよう》

「かぜかな？」と思《おも》ったら、無理《むり》をしないことが何《なに》よりも大切《たいせつ》です。安静《あんせい》にして、睡眠《すいみん》を十分《じゅうぶん》とるようにしましょう。

栄養《えいよう》

消化《しょうか》がよくて体《からだ》を温《あたた》める食《た》べ物《もの》（うどん、おかゆ、野菜《やさい》スープなど）をとるようにしましょう。水分《すいぶん》の補給《ほきゅう》も忘《わす》れずに。

保温《ほおん》

体《からだ》を冷《ひ》やさないよう、温《あたた》かくしましょう。汗《あせ》でぬれた下着《したぎ》は体《からだ》を冷《ひ》やす原因《げんいん》になるので、こまめに取《と》り替《か》えてください。

１月の保健行事

１０日（木）発育測定　５・６年
１１日（金）発育測定　３・４年
１５日（火）発育測定　１・２年
１６日（水）教室の空気検査
給食室検査

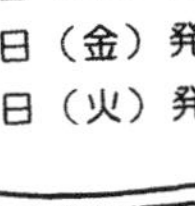

ほけんだより

2月号

平成20年1月29日　　前川東小学校　保健室

まだまだ寒《さむ》い日《ひ》が続《つづ》きますが、寒さにたえながら木々は、芽《め》を出し始《はじ》めて、花《はな》を咲《さ》かせる準備《じゅんび》をしています。春《はる》がくるのはもうすぐです。春はスタートの季節《きせつ》でもありますので、寒さに負《ま》けず、元気《げんき》に一歩《いっぽ》がふみだせるように、心と体の準備を始めましょう！

インフルエンザに注意！

今年度は、埼玉県の流行状況が比較的早い時期の流行となっています。日頃からの健康管理に注意して、元気にこの時期を乗り越えましょう。

〔埼玉県　インフルエンザ流行状況〕　（埼玉県感染症情報センター 感染症発生動向調査より）

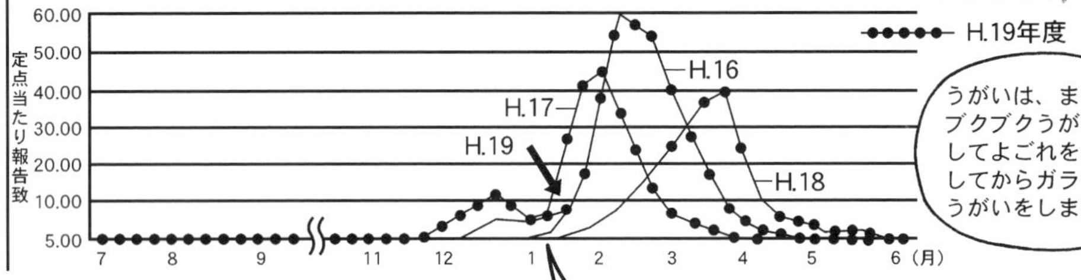

60.00
50.00
40.00
30.00
20.00
10.00
5.00
定点当たり報告数
7
8
9
11
12
1
2
3
4
5
6 (月)
H.19年度
H.16
H.17
H.19
H.18

前川東小では、先週からインフルエンザにかかる人が出始め、今週に入ってインフルエンザにかかる人がふえてきました。体調が悪かったら早めに休んで病院でみてもらいましょう。なお、インフルエンザは欠席ではなく出席停止扱いです。熱が下がっても2日位は、登校できませんので、医師の許可をえてから登校するようにしてください。

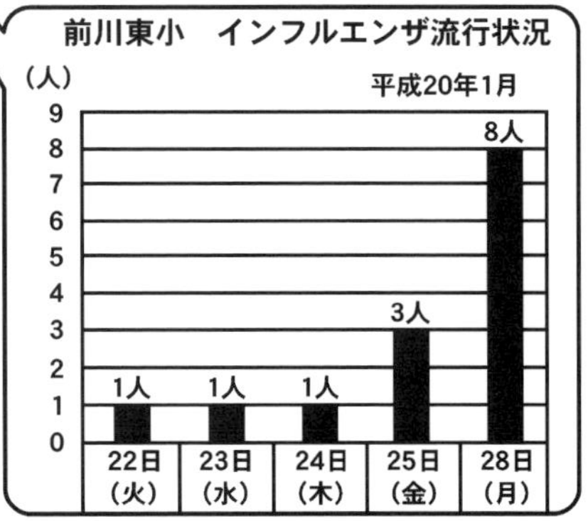

前川東小　インフルエンザ流行状況
平成20年1月
(人)
9
8
7
6
5
4
3
2
1
0
1人
1人
1人
3人
8人
22日 (火)
23日 (水)
24日 (木)
25日 (金)
28日 (月)

普通のかぜ と インフルエンザ の違いは？

普通のかぜは、鼻水・鼻づまり、のどの痛み、せきやくしゃみなどが中心で、熱はそれほど高くなく、重症化することもほとんどありません。

一方、インフルエンザは、高い熱が出て、関節痛や筋肉痛などの全身症状が強くあらわれます。のどの痛みや鼻水などもみられ、さらには肺炎などを併発して、重症化するおそれもあります。感染力が強く、短期間で大流行するのもインフルエンザの特徴です。

かぜ		インフルエンザ
ゆっくりと	発病の様子	急激に
鼻水・鼻づまり・のどの痛み	主な症状	発熱・全身痛（筋肉痛・関節痛等）
あっても37度台	熱	38～40度の高熱
軽い	悪寒	強い
軽い	倦怠感	強い
コロナウイルス等	病原	インフルエンザウイルス
徐々に感染が広がる	流行	短期間に多くの人が感染する
ほとんどない	合併症	肺炎や脳症等

インフルエンザの予防対策

うがいは、まず
ブクブクうがいを
してよごれをおと
してからガラガラ
うがいをしましょう
ガラガラ
ゴシゴシ

外から帰ったら、手洗い・うがいをする。

流行期は人込みをさけ 外出時はマスクをつける

こまめに部屋の換気をする

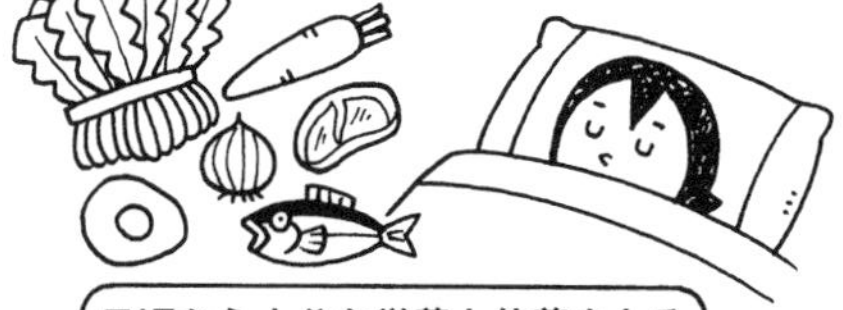

日頃から十分な栄養と休養をとる

学校保健委員会 を2月26日（火）に予定しています。"早ね早起き朝ごはん" について1年間の反省をします。

お家の方へお知らせ

登校前のお子さんの健康観察をよろしくお願いいたします。

連絡先に変更があったらお知らせください。

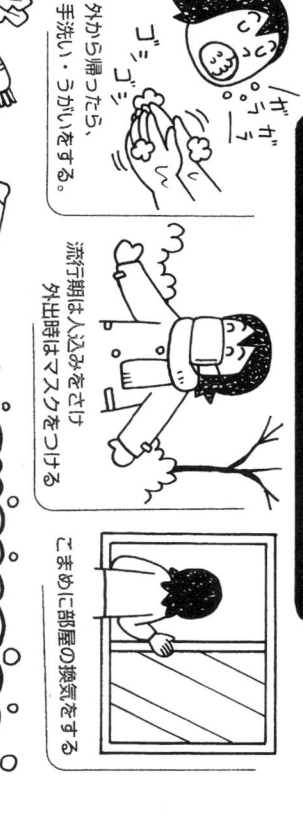

ほけんだより 3月号

平成２０年３月３日　　前川東小学校　保健室

暖《あたた》かな日ざしがふりそそぎ、校庭の沈丁花《じんちょうげ》が咲きほこり、いい香《かお》りを放《はな》って、春を感《かん》じさせてくれる季節《きせつ》となりました。春は、別《わか》れと出会《であ》いの季節でもあります。
来年度、新しい花を咲かせられるように、まずは健康管理をしっかり行い１年を元気にしめくくりましょう。

あなたの耳を守る
ミミミニ大作戦
3月3日は『耳の日』
鼻をかむ時は片方ずつかむようにしましょう

耳《みみ》のそばで大きな音や声を出さない！

ワン

大きな音の振動で鼓膜が破れることがあります。

耳そうじはほどほどに！

耳の中が傷つく原因にもなります。耳あかは、自然に外へおし出されるので、ひんぱんにそうじする必要はありません。

～耳が痛い人へ～

次の点に心あたりはありませんか？

①かぜをひいていませんか？ → かぜで中耳炎になっている可能性があります すぐに耳鼻科へ行き受診しましょう。

①耳そうじの回数が多くありませんか？ → 耳かきで外耳道が傷つき炎症をおこしている可能性があります。また奥までやりすぎないようにしましょう。

②むし歯がありませんか？ → むし歯が原因で耳が痛くなることがあります。治していない人は、春休み中に治しましょう

※

この一年できたこと、できなかったことを振り返りましょう！

あなたはいくつできましたか？
できなかったことは来年度の目標にしましょう！

□ 早ね早おきができた
□ ３食きちんと食べた
朝
昼
夕
□ 歯みがきができた
□ 手あらい・うがいができた
□ 外で元気にあそんだ
□ あいさつができた
ペコッ
□ 友だちとなかよくできた
□ ゲームは時間をきめてできた
15分！

～おうちの方へ～

前川東小では、今年度３回の学校保健委員会を通し“早寝・早起き・朝ごはん”にとりくんできました。朝ごはんについては、ほとんどの人が食べてきて改善してきましたが、すいみんについては、遅く寝ている人が低学年からまだみられるなど、来年度に引き続いて課題もみられました。
すいみんは成長期の子どもたちにとって、とても重要です。日本の子どもたちは世界一すいみん時間が少ないともいわれています。私たちの生活は、夜型が加速していますが、子どもたちにとって、１日の疲れが取れ、翌日の活動が元気にできるように、毎日の生活の中で、すいみん時間の確保をしていただけたらと思います。
また、今年度アンケート等でも、ご協力いただきありがとうございました。

ほけんだより

4月号

平成20年4月8日　　　　前川東小学校　保健室

進級《しんきゅう》おめでとうございます。新《あたら》しい年度《ねんど》がはじまり期待《きたい》と不安《ふあん》でドキドキしている人もいるかと思《おも》います。スタートのフレッシュな気持ちをわすれずに、今年《ことし》も元気《げんき》に過《す》ごしましょう。

スタート

健康診断

～4月の健康診断《けんこうしんだん》～

発育測定《はついくそくてい》　10日（木）　5・6年
　　　　　　11日（金）　3・4年
身長・体重　15日（火）　1・2年
座高を測定　25日（金）　欠席者

頭頂部に髪を結わえないようにしましょう。

眼科検診　24日（木）　全学年

目に治療の必要な病気がないかをみてもらいます。

背柱側わん検診　14日（月）　4年
背骨の状態を調べます

ぎょう虫卵検査　全学年
16・17日で集めます

聴力検査　17日（木）　3年
　　　　　18日（金）　2年
　　　　　16日（水）　5年
　　　　　21日（月）　1年

耳の聞こえをしらべます
耳の掃除をわすれずにしましょう

内科検診　25日（金）　2・3・6年

心臓や肺、背骨、栄養状態など、全身のようすをみてもらいます。

提出をお願いいたします

＊11日までに提出してください

①保健調査票
必要事項に記入し保険証の変更があったら右の部分を切り取り貼付してください。

保険証	種　類		社・国・共（○をつける）
	記号・番号		
	発行機関	保険者番号	
		名称	
有効期限			年　月　日

②心臓調査票
心臓検査の資料として、また学校生活を健康で安全に過ごせるように記入をお願いいたします。

③結核に関する問診票
この問診票をもとに必要ならば、結核検討委員会で検討され精密検査対象児童には通知がいきます。結核の発生を未然に防ぐ大切な資料ですので記入もれのないようによろしくお願いします。

校医《こうい》の先生方《せんせいがた》です

お世話になります

＜内科＞○○○○先生　○○○先生
＜歯科＞○○○○先生　○○○○先生
＜耳鼻科＞○○○先生　＜眼科＞○○○○先生
＜薬剤師＞○○○○先生

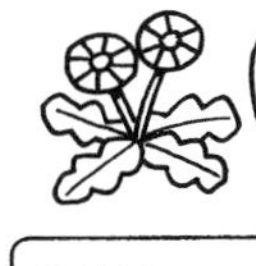

守ってほしい健康診断のルール！

見ない
他の人の検診のようすや結果をのぞかない。

健康情報は、第一級の個人情報です。

言わない
友だちの体格や健康状態について、からかったり意見を言ったりしない。

言われた人は、とても傷ついているかも…。

気にしない
他の人の結果や平均値と不必要に比較して悩まない。

からだや健康の状態は、一人ひとりちがっていて当たり前なのです。

健康診断を正しく受け、自分のからだについて知りましょう。異常《いじょう》があった場合《ばあい》に別紙《べっし》にてお知らせしますので、医療機関《いりょうきかん》にて受診《じゅしん》して早く治すようにしましょう。特になければ結果を健康カードでお知らせします。（後日、配布します）

ほけんだより

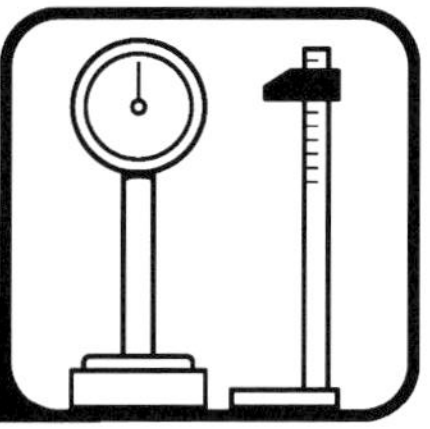

4月号

平成２０年４月９日　　前川東小学校　保健室

入学おめでとうございます。あたらしい学校《がっこう》、あたらしい学年《がくねん》、あたらしいクラス…これからあたらしいこと、わくわくすることがたくさんあります。

これからの学校生活《がっこうせいかつ》を元気《げんき》にすごし、大《おお》きく成長《せいちょう》できるように、からだのことや健康《けんこう》についてほけんだよりでお知《し》らせします。おうちの人とぜひ読《よ》んでくださいね。

健 康 診 断 ス タ ー ト

～４月の健康診断《けんこうしんだん》～

発育測定《はついくそくてい》

身長・体重

座高を測定

10日（木）	5・6年
11日（金）	3・4年
15日（火）	1・2年
２５日（金）	欠席者

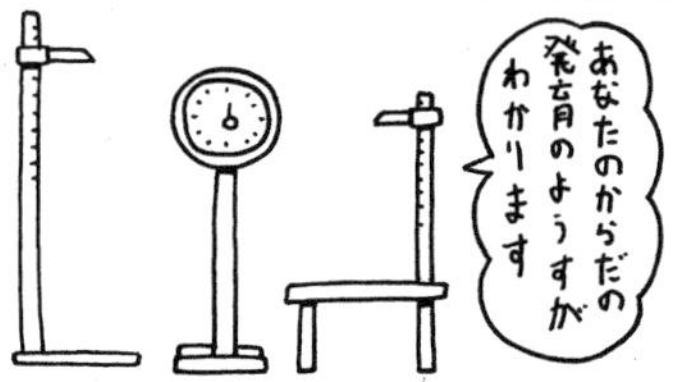
あなたのからだの発育のようすがわかります

頭頂部に髪を結わえないようにしましょう。

眼科検診　２４日（木）　全学年

目に治療の必要な病気がないかをみてもらいます。

背柱側わん検診　１４日（月）４年

背骨の状態を調べます

ぎょう虫卵検査　全学年

１６・１７日で集めます

聴力検査

１７日（木）	３年
１８日（金）	２年
１6日（水）	5年
２１日（月）	１年

耳の聞こえをしらべます

耳の掃除をわすれずにしましょう

内科検診　２５日（金）　2・3・6年

心臓や肺、背骨、栄養状態など、全身のようすをみてもらいます。

校医《こうい》の先生方《せんせいがた》です

お世話になります

＜内科＞　〇〇　〇〇先生　　〇〇　〇先生

＜歯科＞　〇〇　〇〇先生　　〇〇　〇〇先生

＜耳鼻科＞〇〇　〇先生

＜眼科＞〇〇　〇〇先生

＜薬剤師＞〇〇　〇〇先生

提出をお願いいたします　１１日までに提出してください

①保健調査票

お子さんの健康状態を把握し、緊急に連絡を取る場合に必要です。記入もれのないようにお願いいたします。

なお、表に組・氏名のみ記入していただき、番号のところは空欄でおねがいいたします。

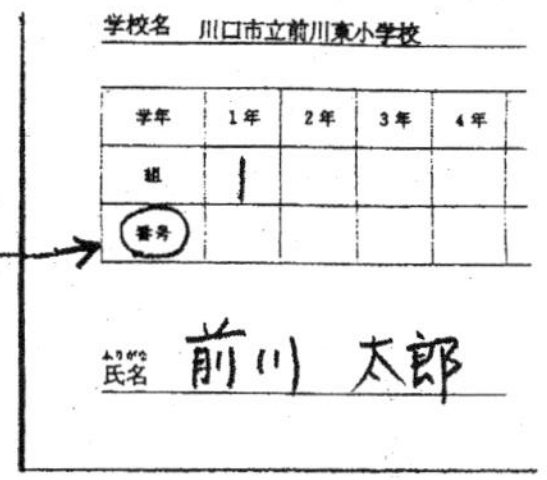
学校名　川口市立前川東小学校
学年　1年　2年　3年　4年
組　1
番号
氏名　前川　太郎

②心臓調査票

心臓検診の資料として、また学校生活を健康で安全に過ごせるように記入をお願いいたします。

③結核に関する問診票

この問診票をもとに必要ならば結核検討委員会で検討され精密検査対象児童に通知がいきます。

結核の発生を未然に防ぐ大切な資料ですので、記入もれのないようにお願いします。

こんな時は保健室へ

学校《がっこう》でけがをした、ぐあいが悪《わる》くなった

相談《そうだん》したい、話《はなし》を聞《き》いてほしい

からだやこころのこと、健康《けんこう》について知《し》りたい

おうちの方へ

検査の結果、異常や病気があった場合、治療通知をお渡しいたします。早めに受診するようにお願いいたします。

また、健康カード等でも後日お知らせいたします。

新学期は緊張やつかれからお子さんの体調がくずれやすくなります。生活リズムを整えていただき、お子さんの毎朝の健康観察をよろしくお願いします。

ほけんだより

5月号

平成20年5月1日　　前川東小学校　保健室

5月は皐月《さつき》ともいいますが、耕作《こうさく》を意味《いみ》する古語《こご》「さ」に由来《ゆらい》し田《た》植《う》えをする月として「さつき」とよばれるようになったといわれています。

秋《あき》の実《みの》りとともにみなさんの願《ねが》いがかなうように、新緑《しんりょく》の美《うつく》しいこの季節《きせつ》に一年の目標《もくひょう》を決め、勉強《べんきょう》に運動《うんどう》にぜひチャレンジしてみましょう。

5月の健康診断日程

視力検査（再）	6年	1日（木）
視力検査（再）	5年	2日（金）
視力検査（再）	3年	7日（水）
視力検査（再）	4年	8日（木）
視力検査（再）	2年	12日（月）
視力検査	1年	13日（火）

目の見え方をしらべます。メガネを持っている人は持ってきましょう。

内科検診　16日（金）　1・4・5年
大貫事前検診を兼ねます

耳鼻科検診　21日（水）　抽出者
耳・鼻・のどの病気がないかをしらべます

治療通知をもらったら早めに受診してなおしましょう！

尿検査　19日（金）　全学年
（予備日　20日）
腎臓の病気がないかしらべます。
わすれないようにしましょう！

<尿検査でわかる病気>
ネフローゼ症候群…腎臓の炎症によりたくさんのタンパク質が尿といっしょにでてしまう病気です。
糖尿病…インスリンというホルモンの働きや分泌が悪くなる病気です。

心臓検診　29日（木）　1・4年

心臓の病気がないかをしらべます。
検査の当日は静かにすごしましょう

校外学習

からだの準備も忘れずに！

遠足や大貫海浜学園など校外学習があります。
お弁当とともに、ぜひからだの準備もしっかりおこない楽しく過ごしましょう。

○生活リズム対策《たいさく》

■早寝《はやね》・早起《はやお》きをしよう！

→寝《ね》る時刻《じこく》（起《お》きる時刻《じこく》）の目標《もくひょう》を決《き》めて、少《すこ》しずつ近《ちか》づけていきましょう。そして、休《やす》みの日《ひ》もなるべく同《おな》じ時《じ》刻《こく》に寝起《ねお》きすることがポイントです。

■うんちをしよう！

→朝《あさ》ごはんをはじめ、おもに食事《しょくじ》をした後《あと》はうんちが出《で》やすくなります。なるべくがまんせず、すぐにトイレに行《い》くことを心《こころ》がけましょう。

○乗り物酔い対策

前の日はすいみんを十分にとる

朝ごはんはきちんと食べる

お話をしたり歌を歌って気をまぎらす

からだをしめつけない服を着る

遠くのけしきをながめるようにする

心配な人は酔い止めの薬を飲んでおく

○気温対策

・出かける日の天気に合わせて調節できる服装にしましょう

陽気《ようき》がよくなり外で遊ぶのによい季節になりました。つめを切ったり、ハンカチちりがみを身につけるなど、清潔《せいけつ》にすごすように心がけましょう。

ほけんだより

6月号

平成２０年６月３日　　　　前川東小学校　保健室

校庭《こうてい》のアジサイの花が、色とりどりに咲《さ》きだしました。アジサイは育《そだ》つ土の性質《せいしつ》により花の色がちがってくることから「七変化《しちへんげ》」といわれています。
アジサイの花が咲く季節《きせつ》は気温《きおん》も七変化です。体調《たいちょう》をくずさないように、衣服《いふく》の調節《ちょうせつ》を心がけるなど、気をつけて過《す》ごしましょう。

学校では、歯の健康の取り組みとして、６月４日～１１日にかけて学級指導、カラーテストを実施します。むし歯予防には、歯みがきの習慣化がなによりも大切です。ご家庭での食後の歯みがき等ご協力をよろしくお願いいたします。
なお、歯科健診の結果、治療通知をもらった人は、むし歯を治したでしょうか？むし歯が痛くて保健室へやって来る人がいます。１日も　早く治すようにしましょう！

歯みがきで、むし歯や歯肉炎などの歯周病を予防…

初期のむし歯（CO）
〔歯が白く濁った状態〕

歯肉炎
〔歯肉が赤くなって
ブヨブヨしている状態〕

健康な歯に！

改善のためには「砂糖をとりすぎない」「毎食後にみがく」などのポイントもしっかりおさえる必要があります。自分自身の努力で歯と口の健康を維持していきましょう。

歯の治療が必要なみなさんに朗報《ろうほう》です。
歯の治療は、早い方がだんぜんおトクな「早得」で。自信を持っておすすめします。

歯の治療「早得」３つのおトク

1. **痛みが少ない**
早く治療を受ければ、治療に伴う痛みが少なくておトク。
2. **通院回数が少ない**
治療期間が短くてすむので、通院の手間が省けておトク。
3. **費用が少ない**
治療期間が短いと、治療費用も少なくておトク。

ツルッ
★ぬれてすべりやすい！
★見《み》とおしがわるい！
★カサの持《も》ち方《かた》に注意《ちゅうい》！

これから梅雨《つゆ》の季節に入ると校内でのけががふえてきます。外で遊べない日が続きますが、廊下《ろうか》を走らないなど気をつけて、けがのないように過《す》ごしましょう。

６月６日はプールびらきです！

本校では、間もなくプール学習を開始いたします。保護者のみなさまには以下のポイントを中心に、お子さんの健康管理・観察をよろしくお願いいたします。

- 爪切り、耳掃除はしてあるか
- 前日よく眠れたか
- 朝ごはんはしっかり食べられたか
- 当日朝の体調はどうか
（発熱、頭痛・腹痛、だるさ等は ないか）

～　６月の保健行事　～

４日（水）　歯科保健講話
（学校歯科医　安部先生）
５日（木）　心臓検診　未実施者
18日（水）　プール・給食室検査
19日（木）　直接撮影（対象者のみ）
27日（金）　学校保健委員会
今年度は“情報化社会を生きる子どもたち”をテーマに話し合う予定です。

＜おうちの方へ＞
体重測定の実施にあたりまして、今年度より授業時間の確保のため６月の体重測定をご家庭でお願いしたいと思います。この機会に、各ご家庭でお子さんの成長について話し合ってみてください。
健康カードにご記入されましたら、学校へ提出していただきたいと思います。
よろしくお願いいたします。

2001年（平成13年）10月18日発行　小学保健ニュース第636号付録　　株式会社少年写真新聞社

ほけん通信《つうしん》

学校　年　月　日発行

目《め》に欠《か》かせない“涙《なみだ》”について学《まな》ぼう

指導／順天堂大学医学部眼科学教室外来医長　高橋康造先生

涙《なみだ》は、泣《な》いたり、笑《わら》ったりする時《とき》に出《で》る涙《なみだ》と、まばたきをするたびに出《で》て目《め》を保護《ほご》している涙《なみだ》の２種類《しゅるい》があります。まばたきをするたびに出《で》る涙《なみだ》には、目《め》の健康《けんこう》を守《まも》る上《うえ》でとても大切《たいせつ》な働《はたら》きがあります。この二《ふた》つの働《はたら》きを覚《おぼ》えておきましょう。

涙《なみだ》はどんなふうに目《め》についているの？

涙《なみだ》は、水《みず》・たんぱく質《しつ》・油《あぶら》の３層《そう》から成《な》っています。角膜《かくまく》に接触《せっしょく》しているのはたんぱく質《しつ》の層《そう》で水分《すいぶん》が角膜《かくまく》の上《うえ》で安定《あんてい》するように働《はたら》いています。その上《うえ》は水《みず》の層《そう》で、目《め》を保湿《ほしつ》する働《はたら》きをしています。一番外側《いちばんそとがわ》には油層《あぶらそう》があり、水分《すいぶん》の蒸発《じょうはつ》を防《ふせ》ぐ働《はたら》きをしているのです。

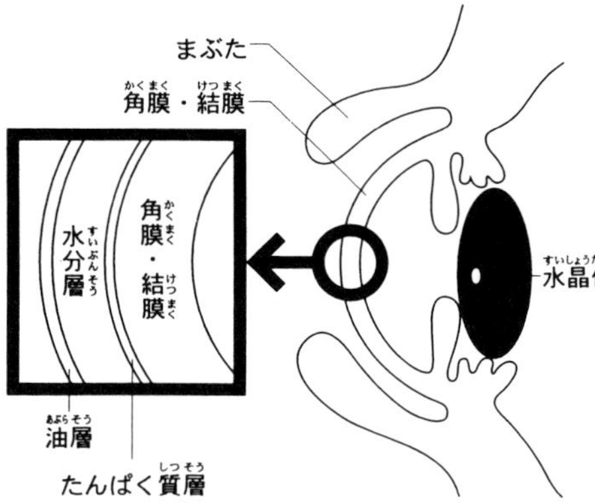
まぶた
角膜《かくまく》・結膜《けつまく》
水分層《すいぶんそう》
角膜《かくまく》・結膜《けつまく》
油層《あぶらそう》
たんぱく質層《しつそう》
水晶体《すいしょうたい》

涙《なみだ》の働《はたら》きは？

目《め》の表面《ひょうめん》に酸素《さんそ》や栄養《えいよう》を運《はこ》ぶ働《はたら》き、細菌《さいきん》などから目《め》を守《まも》る働《はたら》き、ゴミが入《はい》った時《とき》に洗《あら》い流《なが》す働《はたら》きの三《みっ》つがあります。

涙《なみだ》の量《りょう》が減《へ》ると、これらの働《はたら》きが妨《さまた》げられるばかりでなく、目《め》の表面《ひょうめん》は乾燥《かんそう》し、病気《びょうき》を引《ひ》きおこします。

酸素
栄養

自分《じぶん》でできる目《め》の健康管理法《けんこうかんりほう》を覚《おぼ》えておこう

まばたきは、ふつう１分間《ぶんかん》に20回《かい》くらいですが、コンピュータゲームなどに熱中《ねっちゅう》し、画面《がめん》を見続《みつづ》けていると、まばたきは4回《かい》くらいに。また、読書《どくしょ》などでも６回《かい》くらいに低下《ていか》してしまいます。涙《なみだ》の量《りょう》が減《へ》ると、目《め》の健康《けんこう》にも影響《えいきょう》を及《およ》ぼしますので、次《つぎ》のことに注意《ちゅうい》して、目《め》の健康《けんこう》を保《たも》ちましょう。

コンピュータゲームや読書《どくしょ》などは、30分《ぷん》に１回《かい》は休《きゅう》けいをとり、目《め》を休《やす》めましょう。

目《め》が疲《つか》れたと感《かん》じたら、目《め》を閉《と》じて安静《あんせい》を保《たも》つか、遠《とお》くを見《み》て、目《め》を休《やす》めましょう。

目《め》にゴミが入《はい》ったら、涙《なみだ》で流《なが》すようにします。水《みず》で洗《あら》ったりすると、涙《なみだ》も流《なが》れて、働《はたら》きを妨《さまた》げてしまいます。

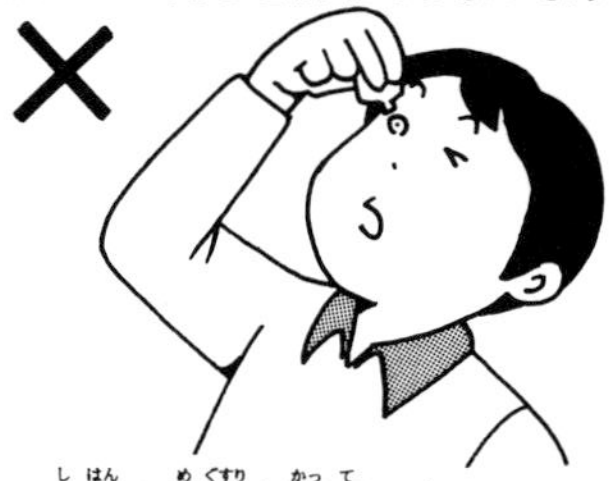

市販《しはん》の目薬《めぐすり》を勝手《かって》にさしてはいけません。目薬《めぐすり》には防腐剤《ぼうふざい》が含《ふく》まれていることもあるので異常《いじょう》があったら眼科《がんか》へ。

涙《なみだ》ひとくちメモ

涙腺《るいせん》から出《で》た涙《なみだ》は、鼻《はな》の方《ほう》に流《なが》れていきます。泣《な》いた時《とき》鼻水《はなみず》が出《で》るのも、鼻《はな》と目《め》がつながっているからです。

また、悲《かな》しい時《とき》や笑《わら》った時《とき》など、多《おお》くの涙《なみだ》が一度《いちど》に出《で》た場合《ばあい》は、涙《るい》のうがいっぱいになり、涙《なみだ》はあふれ、頬《ほほ》をつたって流《なが》れ落《お》ちるのです。

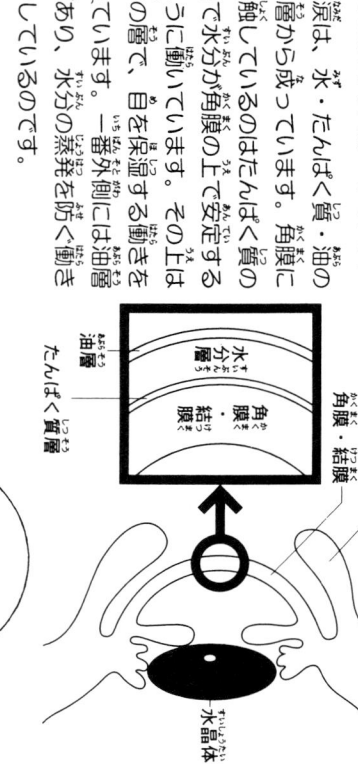

2001年（平成13年）10月8日発行　小学保健ニュース第635号付録　少年写真新聞社2001年　株式会社少年写真新聞社

ほけん通《つう》信《しん》

学校　　月　　日発行

「乗《の》り物《もの》酔《よ》い」を防《ふせ》ぐために 予《よ》防《ほう》のポイントを覚《おぼ》えておきましょう

指導　神尾記念病院　副院長　相原　康孝先生

「乗《の》り物《もの》酔《よ》い」は、その日《ひ》の体調《たいちょう》によってふだん酔《よ》わない人《ひと》でも酔《よ》うことがあります。

主《おも》な予防対策《よほうたいさく》として、校外学習《こうがいがくしゅう》などで乗《の》り物《もの》を利用《りよう》する場合《ばあい》には、①事前《じぜん》の体調《たいちょう》チェック、②生活《せいかつ》リズムを整《ととの》えておく、③いつも酔《よ》う人《ひと》は薬局《やっきょく》の薬剤師《やくざいし》さんに相談《そうだん》して“酔《よ》い止《ど》め”を用意《ようい》するなどのことが考《かんが》えられます。

お友達《ともだち》が乗《の》り物酔《ものよ》いをしたら、親切《しんせつ》にお世話《せわ》をしましょう。不安《ふあん》な気持《きも》ちを楽《らく》にしてあげることができます。

★予《よ》防《ほう》のポイント

☆十分《じゅうぶん》な睡眠《すいみん》をとる。

☆乗《の》り物《もの》に乗《の》って校外学習《こうがいがくしゅう》に行《い》く時《とき》は、普段《ふだん》から酔《よ》いやすい人《ひと》は前《まえ》もって先生《せんせい》に伝《つた》えておく。

☆乗車《じょうしゃ》30分前《ぶんまえ》には酔《よ》い止《ど》め薬《くすり》を飲《の》む。
(主治医《しゅじい》、薬局《やっきょく》の薬剤師《やくざいし》さんに相談《そうだん》して買《か》う)

☆乗車直前《じょうしゃちょくぜん》に食事《しょくじ》をしない。

★乗《の》り物《もの》の中《なか》では…

☆遠《とお》くの景色《けしき》を見《み》るようにする。

☆車《くるま》の場合《ばあい》は前《まえ》の席《せき》に座《すわ》る。

☆ボックス席《せき》の電車《でんしゃ》の場合《ばあい》は進行方向《しんこうほうこう》の席《せき》に座《すわ》る。

☆体《からだ》をしめ付《つ》けない服装《ふくそう》をする。
(ベルトをゆるめる、第一《だいいち》ボタンを外《はず》す)

☆窓《まど》を開《あ》け、新鮮《しんせん》な空気《くうき》を入《い》れる。
(ただし、排気《はいき》ガスの混《ま》じった空気《くうき》はダメ！)

★注意《ちゅうい》すること

ふだん酔《よ》わない人《ひと》でもその日《ひ》の体調《たいちょう》によって酔《よ》うことがあります。

(例《れい》) ○睡眠不足《すいみんぶそく》の時《とき》　○空腹《くうふく》の時《とき》
○病気《びょうき》の後《あと》　○体《からだ》の調子《ちょうし》が悪《わる》い時《とき》
など

エチケット袋《ぶくろ》の作《つく》り方《かた》

<用意《ようい》するもの>
- 紙袋《かみぶくろ》
- ビニール袋《ぶくろ》
- 輪《わ》ゴム
- ホチキス

1.ビニール袋《ぶくろ》を紙袋《かみぶくろ》の中《なか》に入《い》れる。

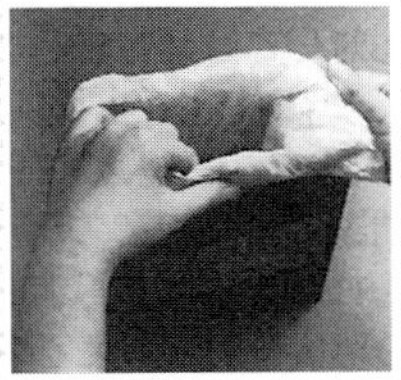

2.ホチキスで輪《わ》ゴムを留《と》める。

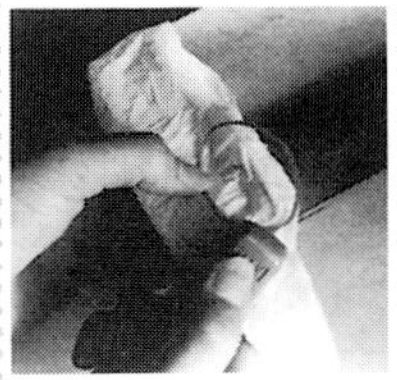

<完《かん》　成《せい》>

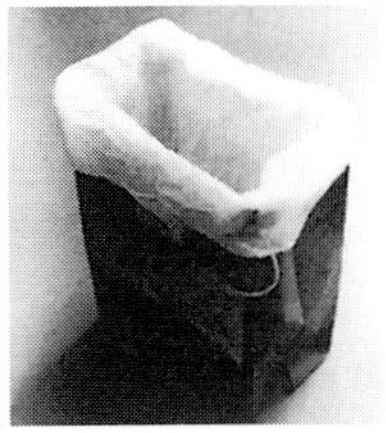

この紙面は、ファックスすると生徒への「保健だより」として配布できるよう編集しています。<ほけん通信>という題字の横に学校名を入れてご活用ください。（左記以外の目的でご使用になる場合は当社までご連絡の上許可を受けてください。）

2002年（平成14年）1月18日発行 小学保健ニュース第644号付録 少年写真新聞社2002年 株式会社少年写真新聞社

ほけん通信《つうしん》

学校　　月　　日発行

みんなでできる生活習慣《せいかつしゅうかん》チェック

指導　つくば国際大学　助教授　小児科医　平野　千秋先生

子《こ》どももおとなもみんなが毎日《まいにち》を元気《げんき》に過《す》ごすためには、生活《せいかつ》の内容《ないよう》が大切《たいせつ》です。毎日《まいにち》の生活《せいかつ》を振《ふ》り返《かえ》りそれぞれの項目《こうもく》をチェックし、結果《けっか》をおとなの人《ひと》と一緒《いっしょ》に考《かんが》え、どうしたら良《よ》い生活習慣《せいかつしゅうかん》を身《み》につけられるか、話《はな》し合《あ》ってみましょう。

★あなたの食生活《しょくせいかつ》はどっちかな？

□朝《あさ》・昼《ひる》・晩《ばん》きちんと食《た》べる

□いろいろな種類《しゅるい》の食品《しょくひん》を食《た》べる

□決《き》まった時間《じかん》におやつを食《た》べる

□飲《の》み物《もの》は水《みず》や麦茶《むぎちゃ》などにしている

食事時間《しょくじじかん》が変化《へんか》してきました

あなたはどのパターン？

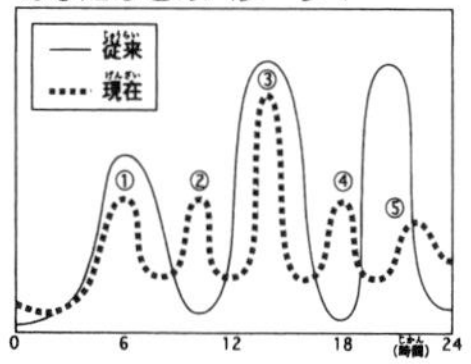

□朝《あさ》は食《た》べたり食《た》べなかったりする

□同《おな》じ種類《しゅるい》の食品《しょくひん》を食《た》べることが多《おお》い

□だらだら食《ぐ》いをすることが多《おお》い

□甘《あま》いジュースなどをよく飲《の》む

★体《からだ》を動《うご》かす生活《せいかつ》していますか？

毎日《まいにち》、生活《せいかつ》の中《なか》でこまめに体《からだ》を動《うご》かすことが健康《けんこう》づくりに大切《たいせつ》です。

□毎日《まいにち》よく歩《ある》いている

□お手伝《てつだ》いをよくする

□休《やす》み時間《じかん》などに外遊《そとあそ》びをする

□歩《ある》くことが少《すく》ない

□お手伝《てつだ》いはあまりしない

□体《からだ》を動《うご》かすのがきらいで、室内遊《しつないあそ》びが多《おお》い

★ (^^) が少《すく》なかった人《ひと》は生活《せいかつ》の見直《みなお》しをしましょう。

【たばこ・お酒《さけ》】 ★あなたの周《まわ》りのおとなの人《ひと》にもチェックしてもらいましょう。

《たばこ：子《こ》どもは吸《す》わない》《お酒《さけ》：子《こ》どもは飲《の》まない》が社会《しゃかい》のきまりです。

★たばこ　・吸《す》わない　　・吸《す》っている（吸《す》っているに○を付《つ》けた人《ひと》は次《つぎ》の項目《こうもく》に進《すす》みましょう）

↓

□決《き》められた場所《ばしょ》で吸《す》っている　□場所《ばしょ》に関係《かんけい》なく吸《す》っている

※あなたは、おとながたばこを吸《す》うことをどう思《おも》いますか？〔　　　　　　　　〕

★お酒《さけ》　・飲《の》まない　　・飲《の》んでいる（飲《の》んでいるに○を付《つ》けた人《ひと》は次《つぎ》の項目《こうもく》に進《すす》みましょう）

↓

□毎日《まいにち》飲《の》む　□たまに飲《の》んでいる　□飲《の》みすぎてよく酔《よ》っぱらっている

※あなたは、おとながお酒《さけ》を飲《の》むことをどう思《おも》いますか？〔　　　　　　　　〕

 この紙面は、ファックスすると生徒への「保健だより」として配布できるよう編集しています。<ほけん通信>という題字の横に学校名を入れてご活用ください。（左記以外の目的でご使用になる場合は当社までご連絡の上許可を受けてください。）

2001年（平成13年）7月8日発行　小学保健ニュース第628号付録　少年写真新聞社2001年　株式会社少年写真新聞社

ほけん通《つう》信《しん》

学校　　月　　日発行

夏《なつ》休《やす》みの生《せい》活《かつ》リズムチェック

夏休《なつやす》みになると毎日《まいにち》の生活《せいかつ》が乱《みだ》れがちになります。特《とく》に“夜更《よふ》かし”“朝寝坊《あさねぼう》”の夜型生活《よるがたせいかつ》は、睡眠不足《すいみんぶそく》、食欲《しょくよく》がわかない等《など》、心身《しんしん》の健康《けんこう》や成長《せいちょう》にもよくありません。早寝早起《はやねはやお》きの生活習慣《せいかつしゅうかん》を身《み》につけるとともに、病気《びょうき》や事故《じこ》、けが等《など》にも注意《ちゅうい》して楽《たの》しい夏休《なつやす》みを過《す》ごせるようにしましょう。

☆21時《じ》までに就寝《しゅうしん》することができた日《ひ》には黄色《きいろ》を、できなかった日《ひ》には青《あお》をぬりましょう。

体《からだ》の成長《せいちょう》に必要《ひつよう》な成長《せいちょう》ホルモンは、22時ごろにいちばん多《おお》く分泌《ぶんぴつ》されます。この時間《じかん》に熟睡《じゅくすい》していないと分泌《ぶんぴつ》も悪《わる》くなりますので、なるべく21時《じ》ごろまでには就寝《しゅうしん》しましょう。

★夏休《なつやす》みが終《お》わってチェック表《ひょう》の黄色《きいろ》が多《おお》かったひとは、これからも早寝早起《はやねはやお》きを目指《めざ》してよい習慣《しゅうかん》をくずさないように努力《どりょく》しましょう。
青《あお》が多《おお》かったひとは、生活《せいかつ》を点検《てんけん》して自分《じぶん》の努力《どりょく》で直《なお》せるところは改善《かいぜん》しましょう。

☆6時《じ》までに起《お》きることができた日《ひ》には黄色《きいろ》を、できなかった日《ひ》には青《あお》をぬりましょう。

早《はや》く起《お》きると、朝食《ちょうしょく》もおいしく食《た》べられ、体《からだ》や脳《のう》がすっきりと目覚《めざ》め、一《いち》日《にち》を元気《げんき》に過《す》ごすことができます。

夏休《なつやす》みに、病気《びょうき》やけがをして病院《びょういん》に行《い》った人《ひと》は記入《きにゅう》しておきましょう。

月《がつ》日《ぴ》	病《びょう》名《めい》	治《ち》療《りょう》期《き》間《かん》
／		
／		
／		
月《がつ》日《ぴ》	ケガの場《ば》所《しょ》	治《ち》療《りょう》期《き》間《かん》
／		
／		
／		

イラスト＆カット集

ここ（P.106～155）に掲載されているイラストおよびカットは「ほけんだより」などの教材作成時にご自由にアレンジを加えてご活用ください。当社への転載許諾の必要はありません。ただし、このイラストおよびカットを活用して作成した「ほけんだより」や教材を、先生方が実践教材として出版社（(株）少年写真新聞社以外の出版社）に原稿として提出することはできませんことをご承知おきください。

CD-ROMご使用にあたっての注意

CD-ROMが入った袋を開封しますと、以下の内容を了解したものと判断いたします。

■使用方法

index.html をダブルクリックして起動してください。
（Windowsの場合は自動的に起動します）

■著作権に関しまして

・本書付属のCD-ROMに収録されているすべてのデータの著作権および許諾権は株式会社少年写真新聞社に帰属します。
・学校内での使用、児童生徒・保護者向け配布物に使用する目的であれば自由にお使いいただけます。
・商業的な使用はできません。
・データをコピーして他人に配布すること、ネットワーク上にダウンロード可能な状態で置くことはできません。但し、学校からの「たより」等にイラストを使った場合は、「たより」を保護者に配布する目的に限り、ホームページまたはメールで配信することができます。

■動作環境

・Windows2000 以降、または Mac OSX 以降。
・Internet Explorer5 以降がインストールされていること。
・CD-ROM ドライブ必須。
・推奨ワープロソフト　Word98以降、または 一太郎 Ver.5以降
（本製品にはワープロソフトは付属しておりません）
・メモリ512MB以上を搭載したパソコンを推奨。

＜ご使用上の注意＞

・このCD-ROMを音楽用CDプレーヤー等に使用しますと、機器に故障が発生するおそれがあります。パソコン用の機器以外には入れないでください。
・CD-ROM内のデータ、あるいはプログラムによって引き起こされた問題や損失に対しては、弊社はいかなる補償もいたしません。本製品の製造上での欠陥につきましてはお取り替えしますが、それ以外の要求には応じられません。

イラスト：中村 光宏　　五十嵐 綾　　井元 ひろい

ほけんだより1月
ほけんだより2月
ほけんだより3月
ほけんだより4月
5月
ほけんだより
ほけんだより6月
ほけんだより
ほけんだより
ほけんだより7月
ほけんだより8月
ほけんだより9月
ほけんだより10月
ほけんだより11月
ほけんだより
12月
ほけんだより
ほけんだより

ほけんだより
1月

ほけんだより
2月

ほけんだより
3月

ほけんだより
4月

ほけんだより
5月

ほけんだより
6月

ほけんだより
7月

ほけんだより
8月

ほけんだより
9月

ほけんだより
10月

ほけんだより
11月

ほけんだより
12月

保健だより 1月
保健だより 2月
保健だより 3月
保健だより 4月
保健だより 5月
保健だより 6月
保健だより 7月
保健だより 8月
保健だより 9月
保健だより 10月
保健だより 11月
保健だより 12月

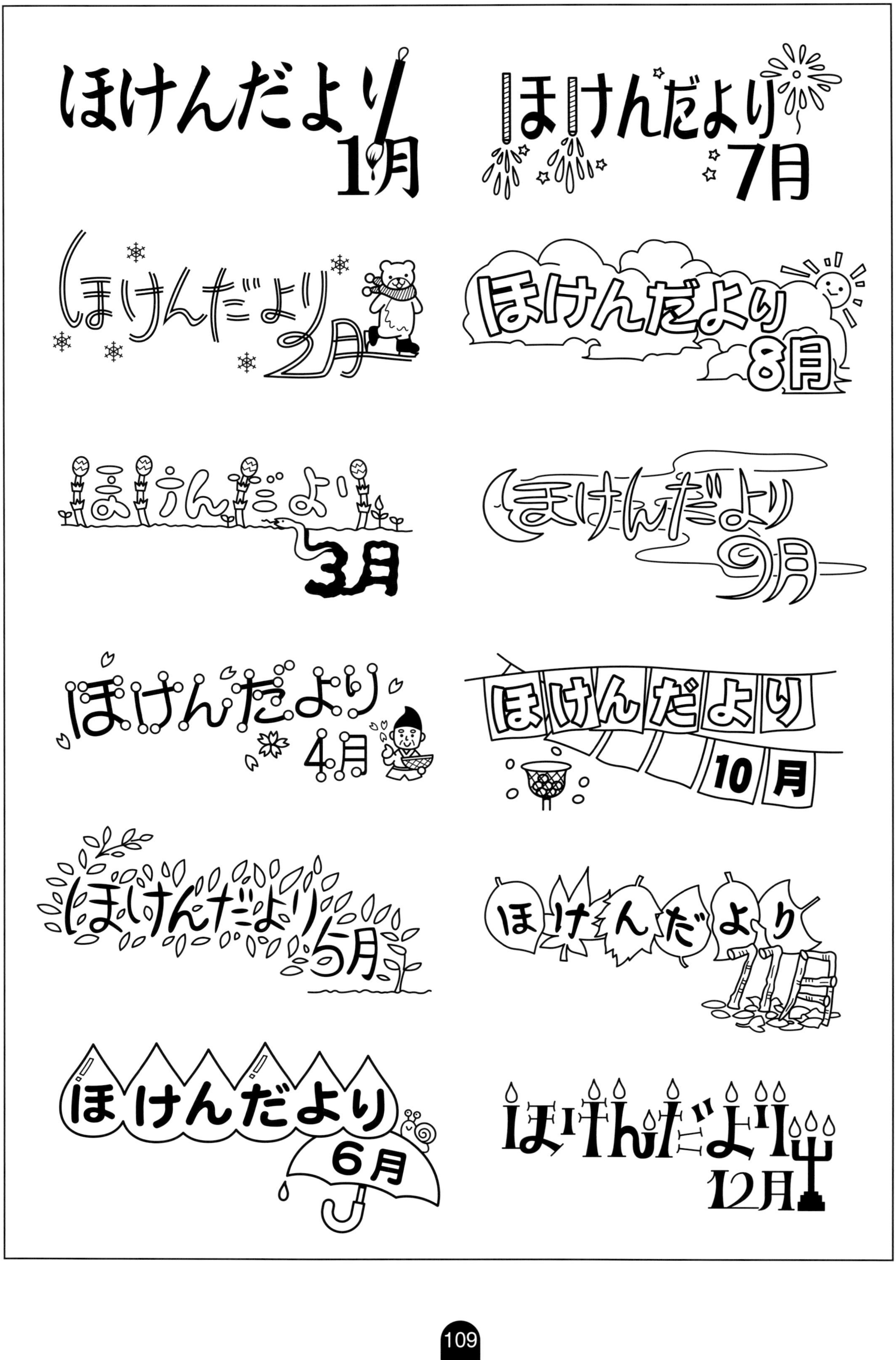
ほけんだより 1月
ほけんだより 2月
ほけんだより 3月
ほけんだより 4月
ほけんだより 5月
ほけんだより 6月
ほけんだより 7月
ほけんだより 8月
ほけんだより 9月
ほけんだより 10月
ほけんだより
ほけんだより 12月

保健だより
1月号

保健だより
2月号

保健だより
3月号

保健だより
4月号

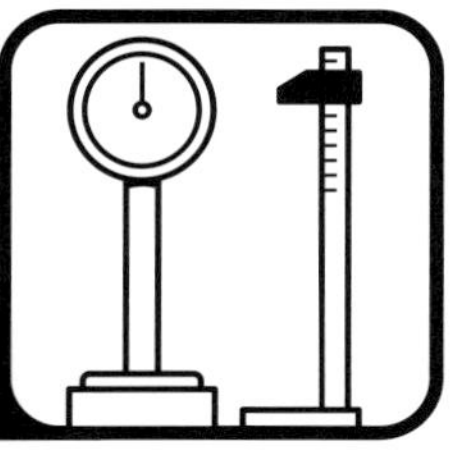

保健だより
5月号

保健だより
6月号

保健だより
7月号

保健だより
8月号

保健だより
9月号

保健だより
10月号

保健だより
11月号

保健だより
12月号

保健だより 1月
保健だより 5月
保健だより 9月
保健だより 2月
保健だより 6月
保健だより 10月
保健だより 3月
保健だより 7月
保健だより 11月
保健だより 4月
保健だより 8月
保健だより 12月

1月号

2月号

3月号

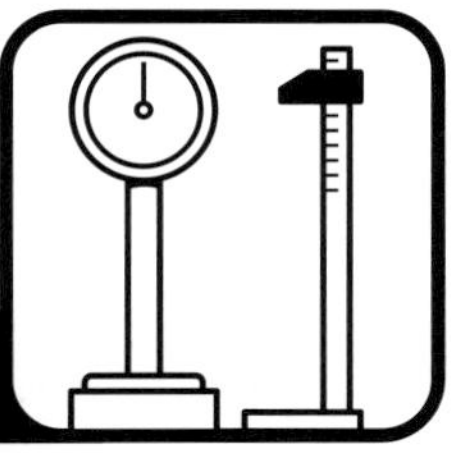

4月号

5月号

6月号

7月号

8月号

9月号

10月号

11月号

12月号

1月
2月
3月
4月
5月
6月
7月
8月
9月
10月
11月
12月

1月
2月
3月
4月
5月
6月
7月
8月
9月
10月
11月
12月

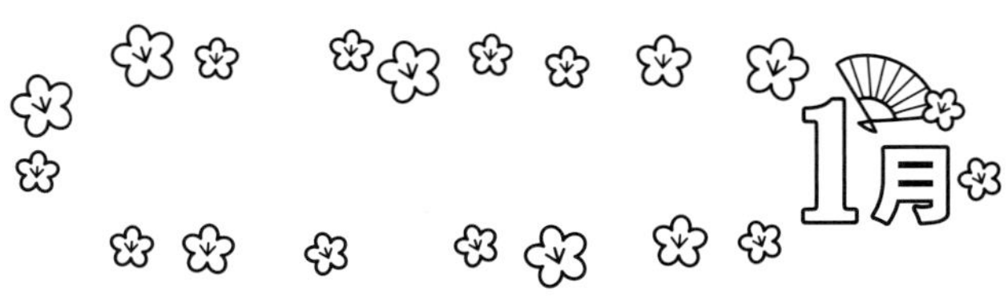
1月

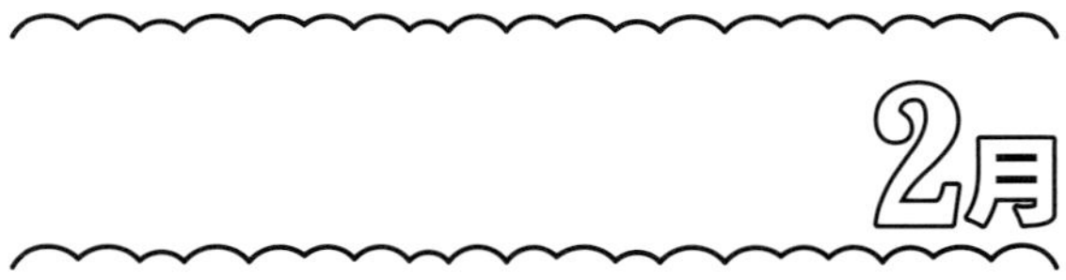
2月

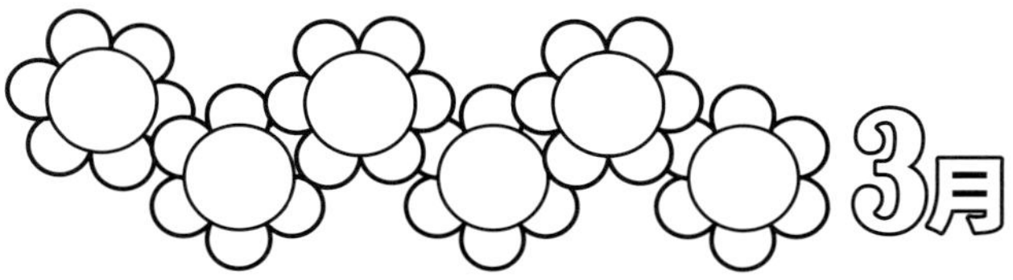
3月

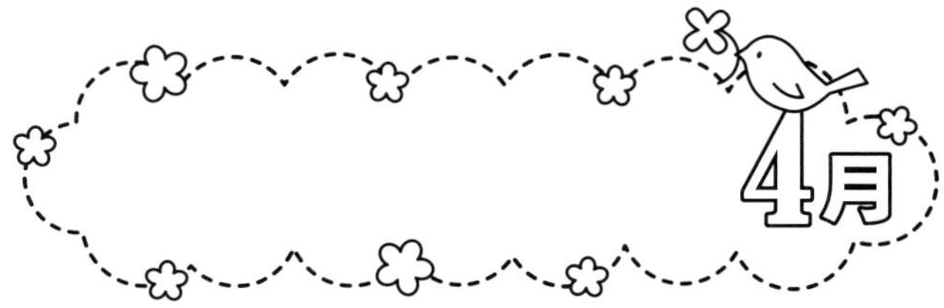
4月

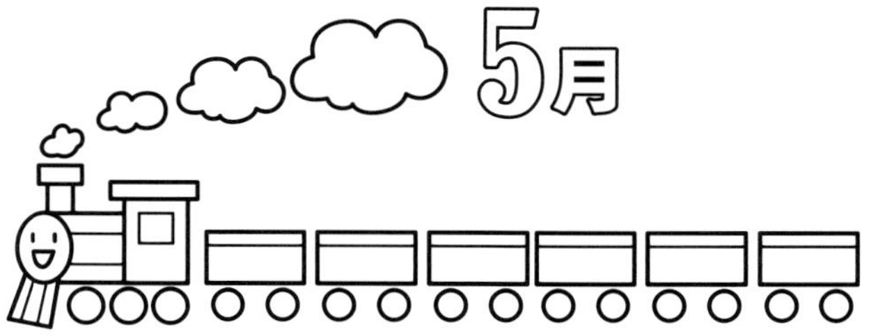
5月

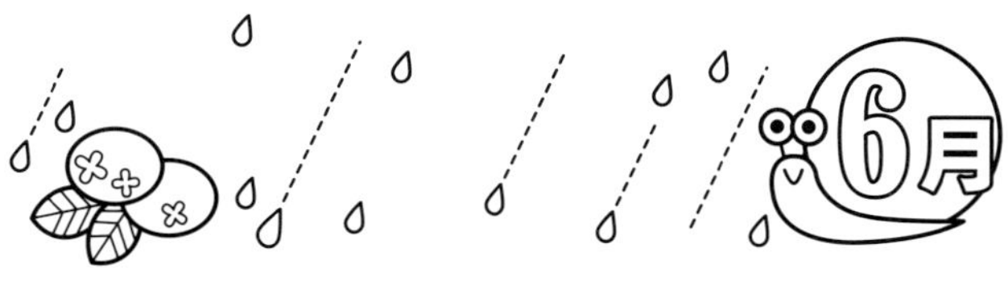
6月

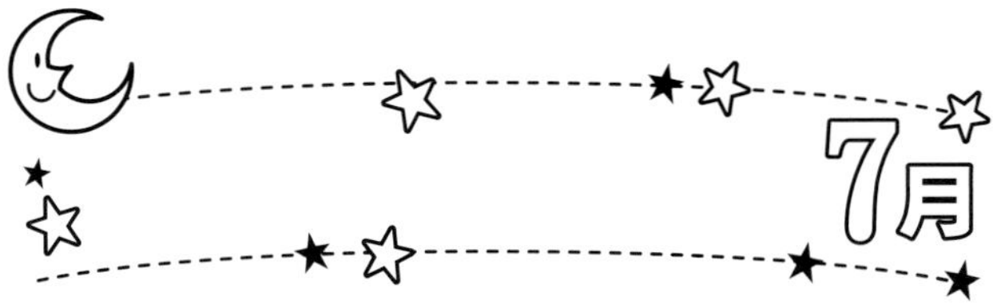
7月

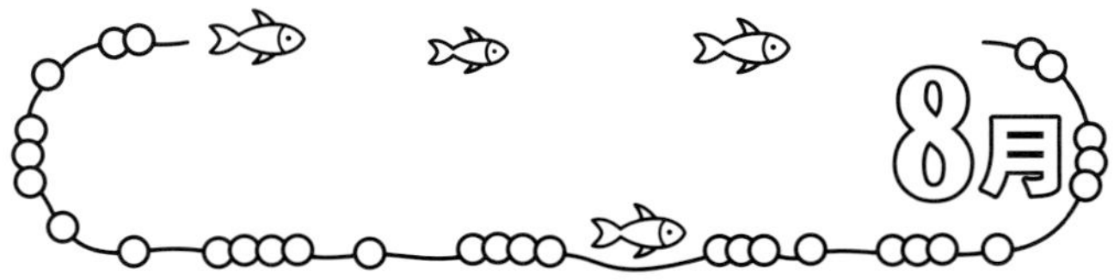
8月

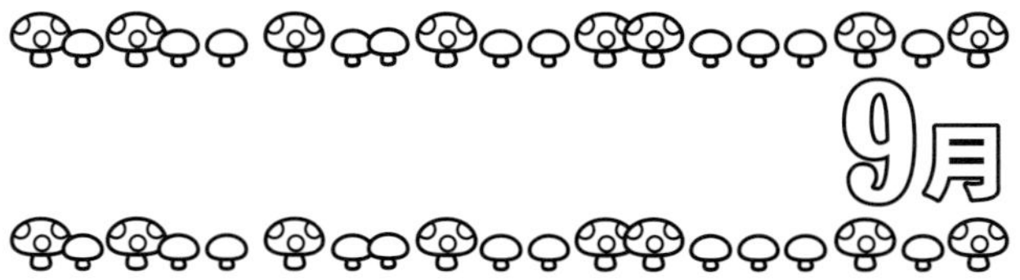
9月

10月

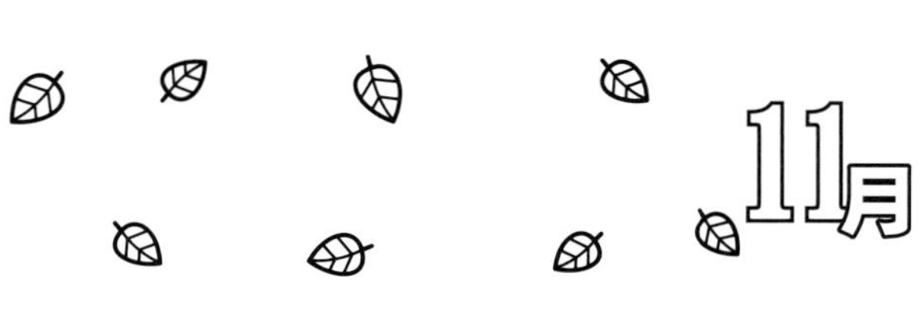
11月

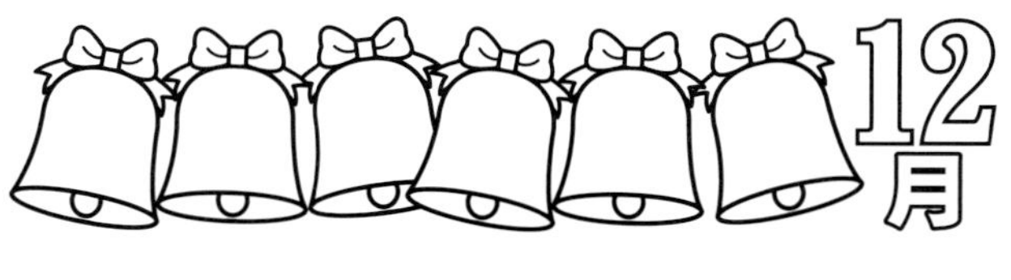
12月

1月
5月
9月
2月
6月
10月
3月
7月
11月
4月
8月
12月

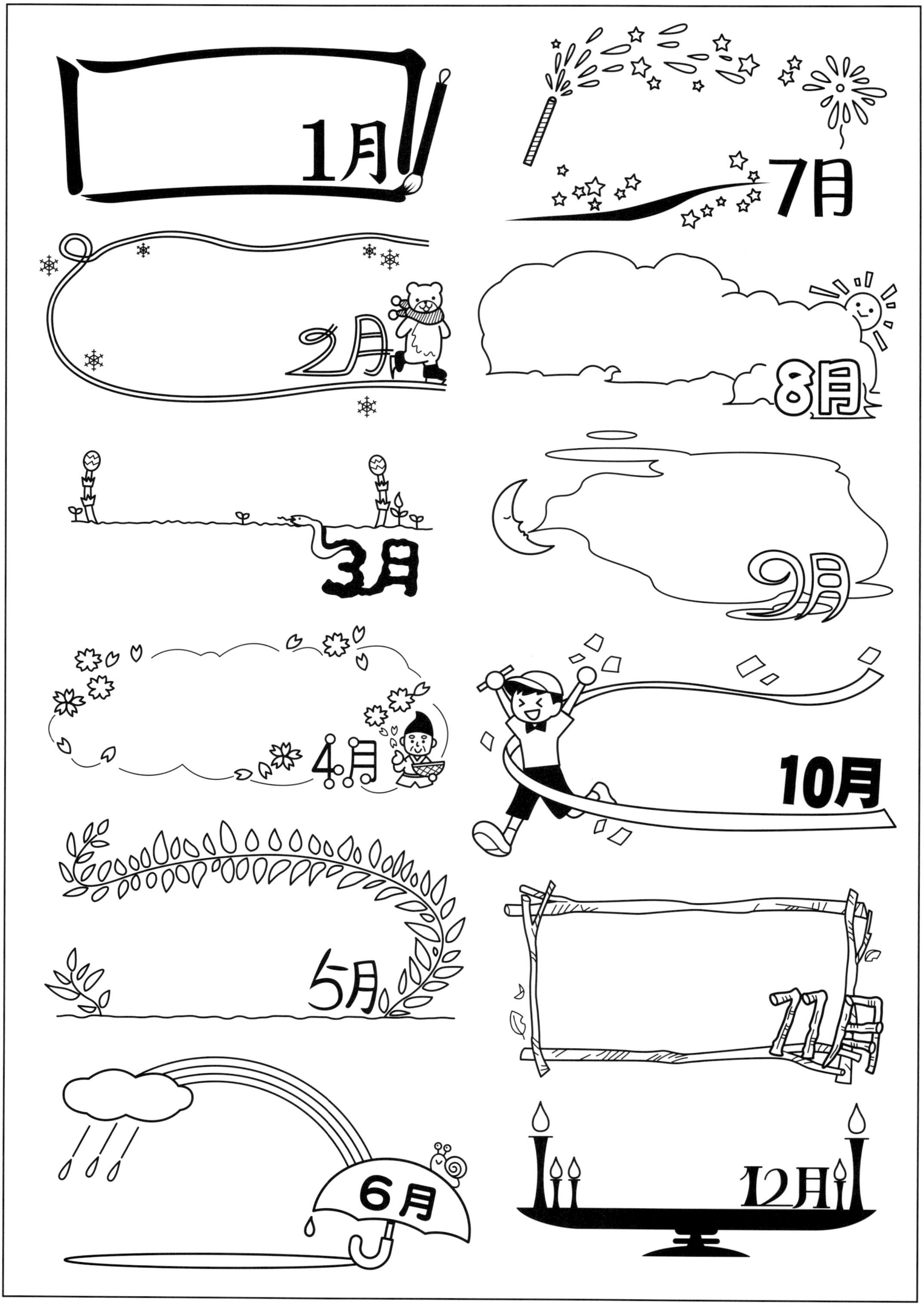
1月
7月
2月
8月
3月
9月
4月
10月
5月
11月
6月
12月

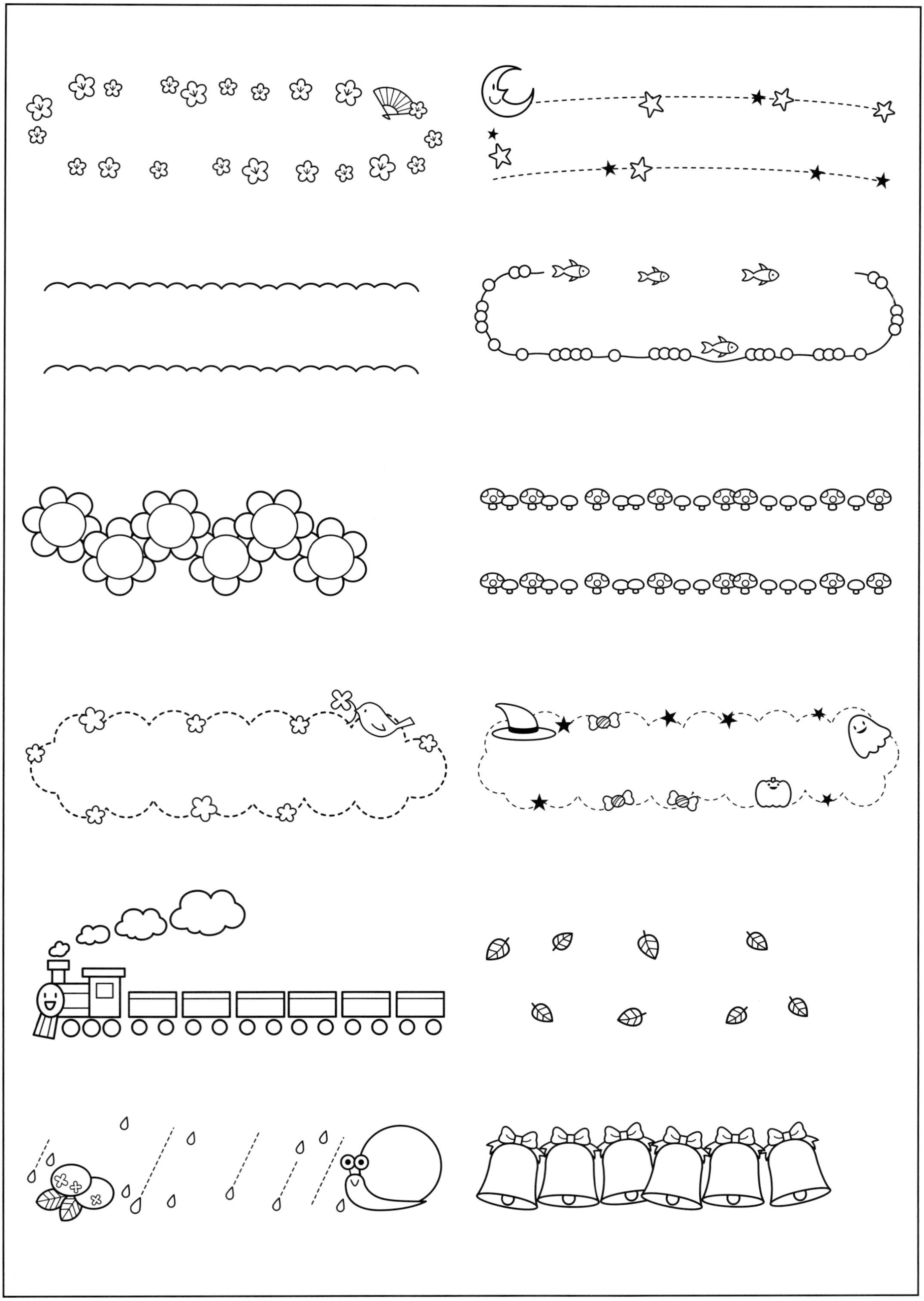

歯科健診
内科健診
視力検査
耳鼻科健診
体重測定
身長測定
眼科健診

NOTE

プール開き

GOAL
14

7

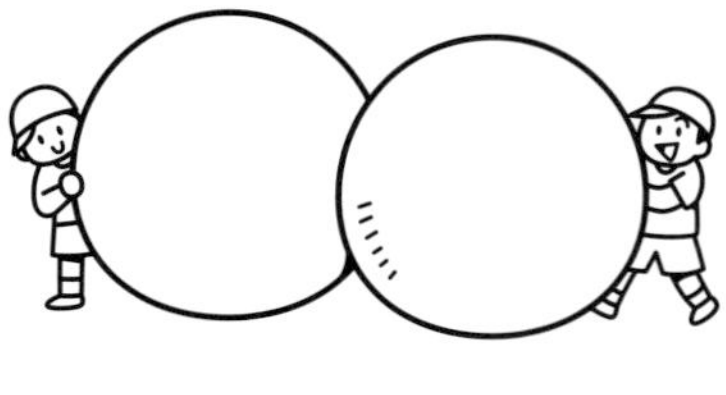

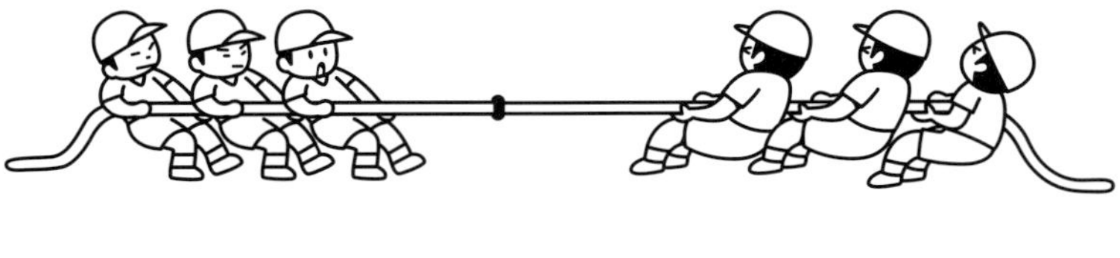

ひやけ
どめ

治療済み
ほけんしつ

ブクブク
ブクブク
ブクブク
①
②
③

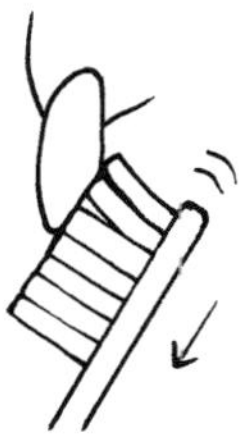

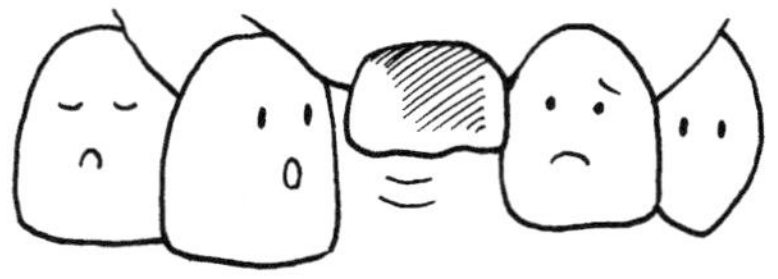

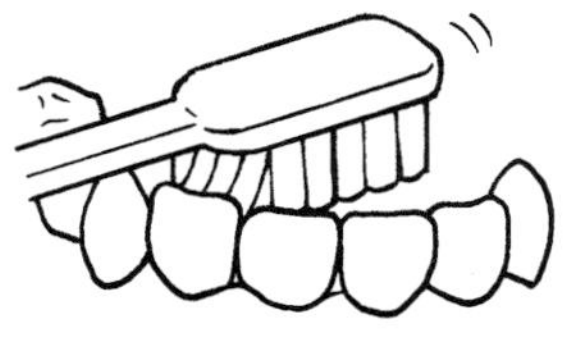

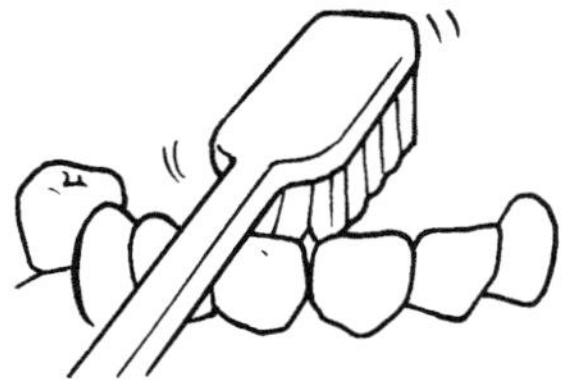

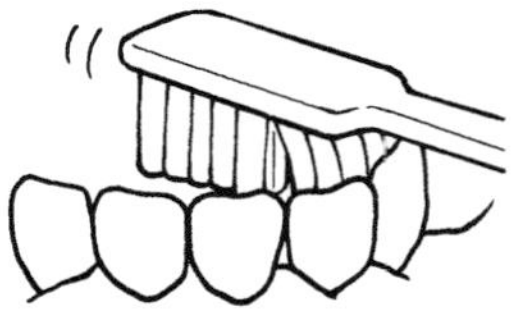

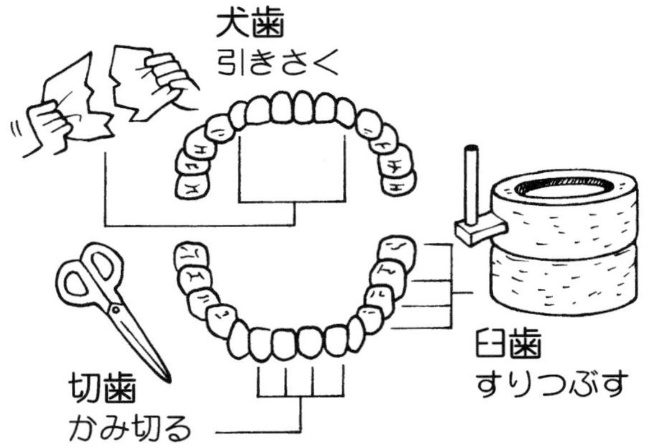
犬歯
引きさく
臼歯
すりつぶす
切歯
かみ切る

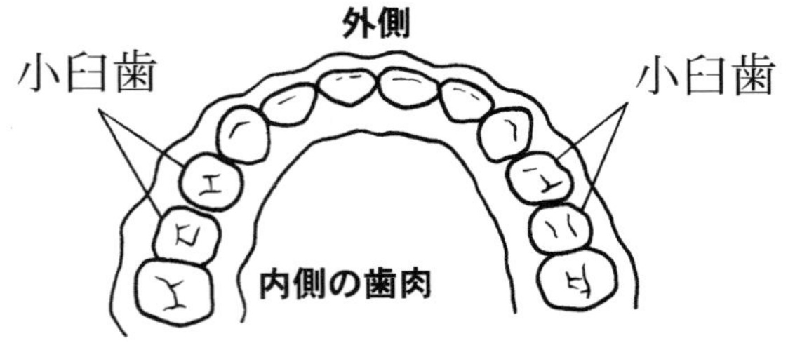
外側
小臼歯
小臼歯
内側の歯肉

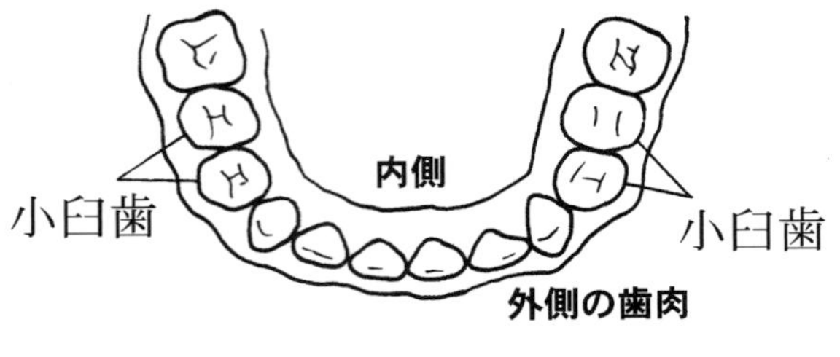
内側
小臼歯
小臼歯
外側の歯肉

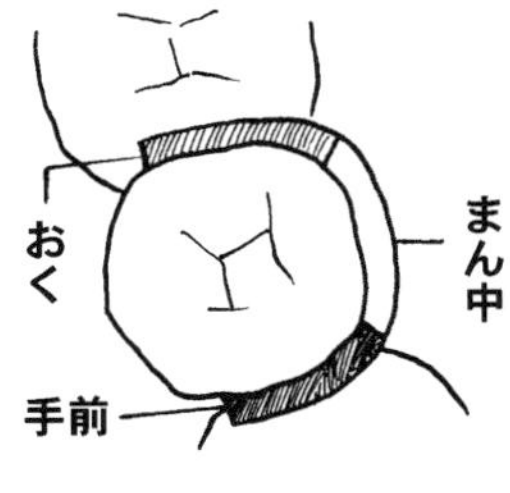
おく
まん中
手前

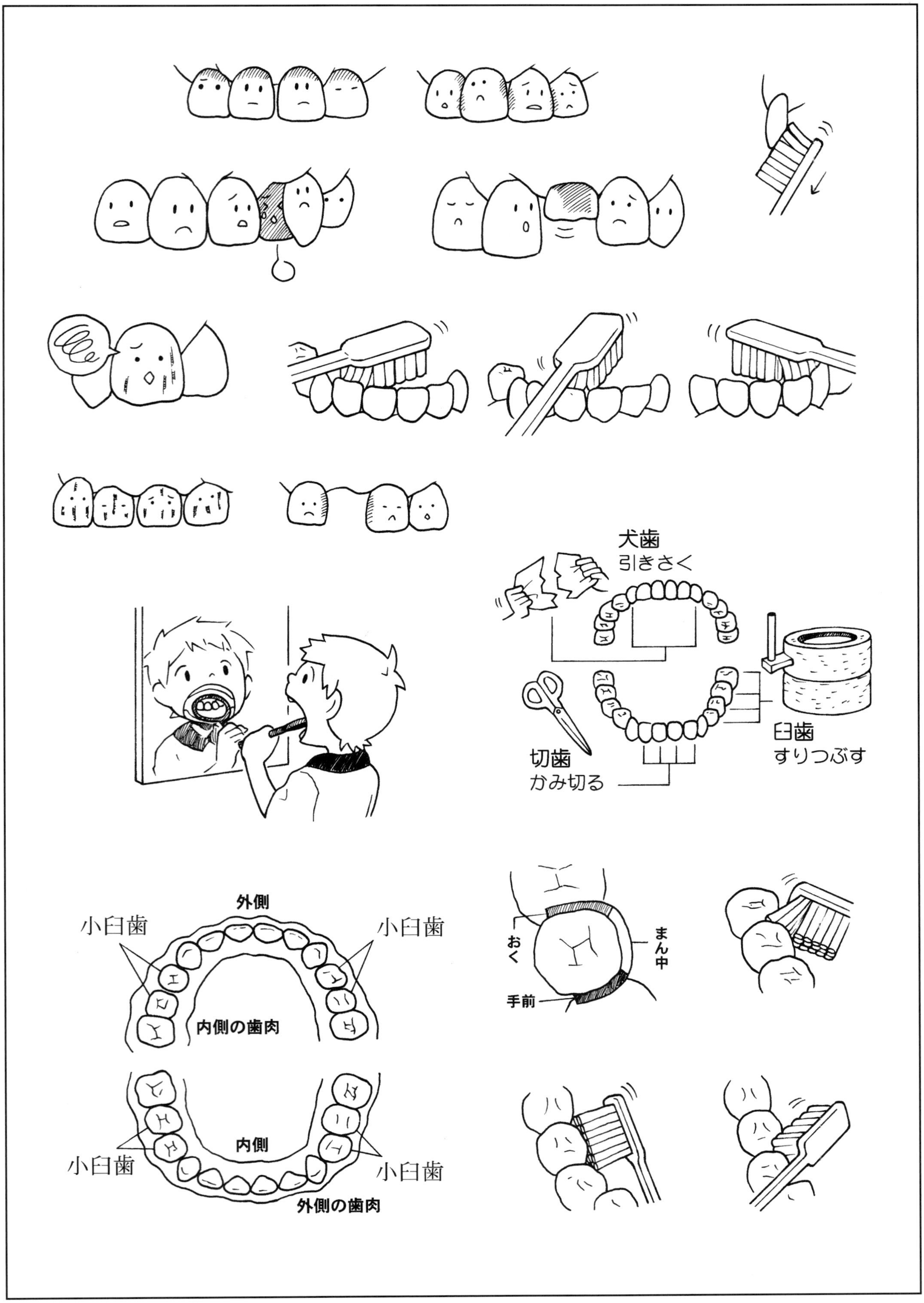

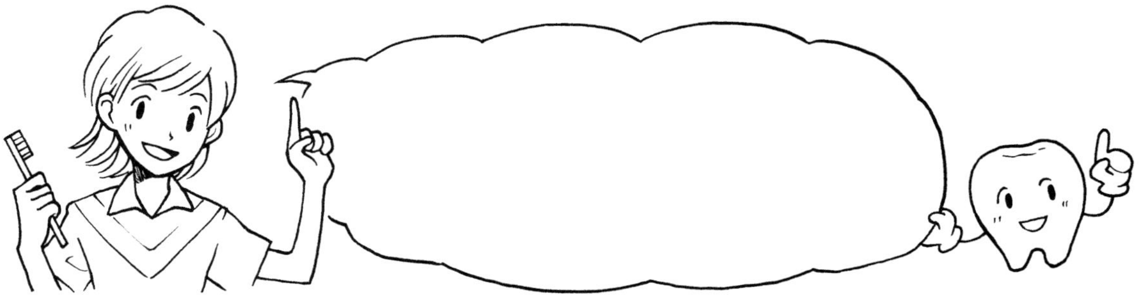

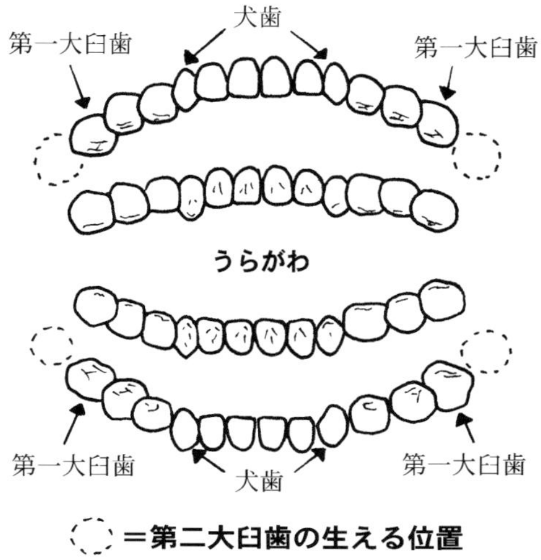
犬歯
第一大臼歯
第一大臼歯
うらがわ
第一大臼歯
犬歯
第一大臼歯
＝第二大臼歯の生える位置

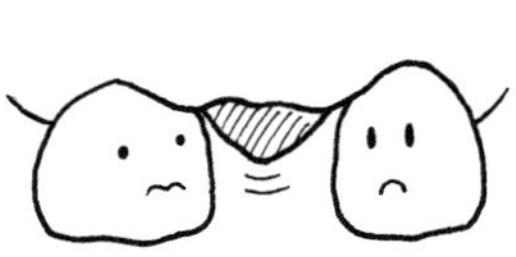

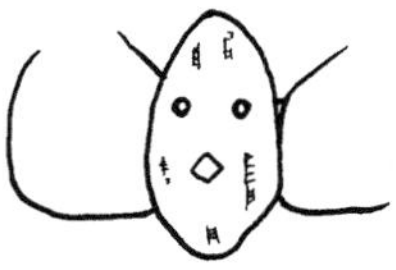

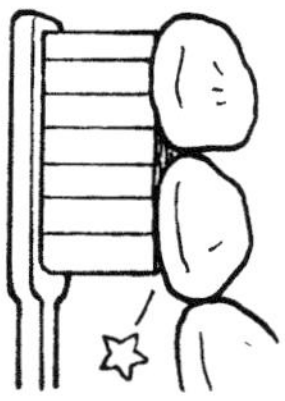

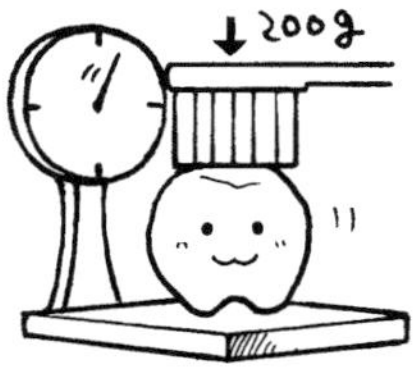
200g

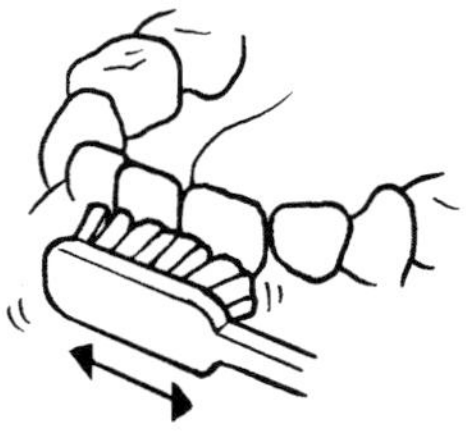

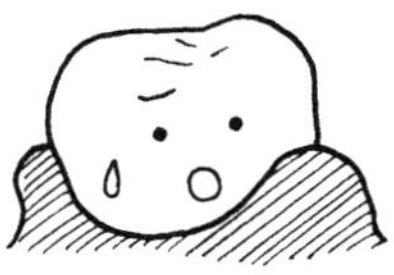

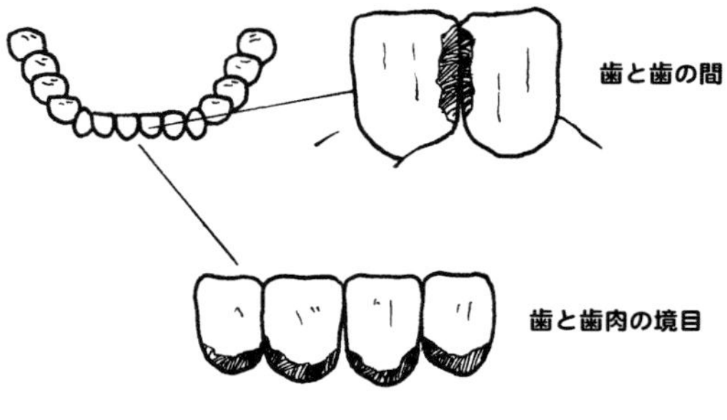
歯と歯の間
歯と歯肉の境目

歯ブラシの毛先でていねいにみがく

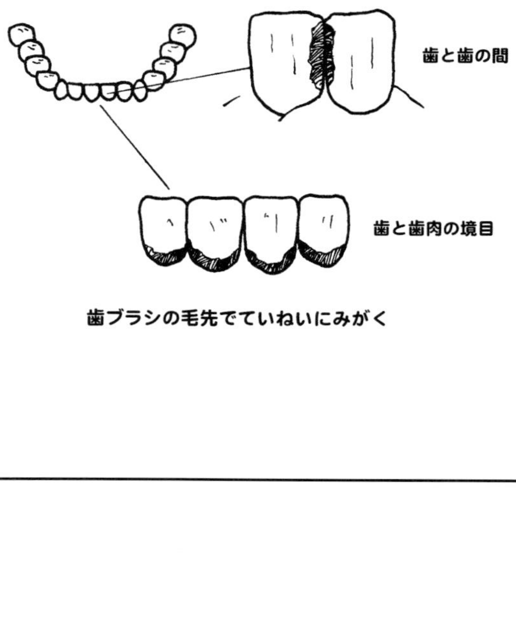

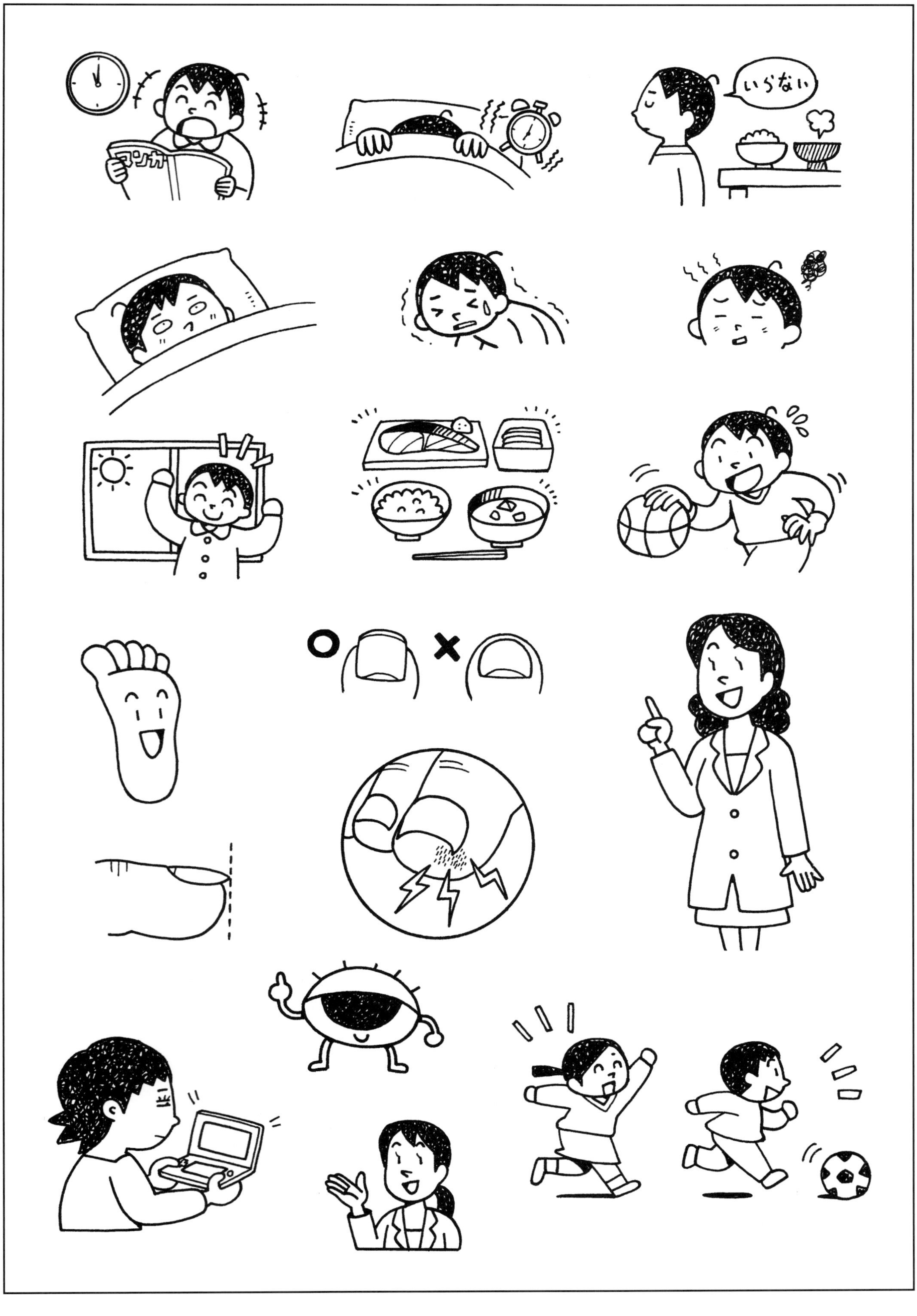
マンガ
いらない

10分～
15分
ジャ
ガラ
ガラ

ガラガラ
ゴシゴシ
3月3日は
『耳の日』
ワン
ツルッ

朝
昼
夕
ペコッ
15分!
どうしよう

茶
びょういん
病院
茶

おはよー!
CO
45°
45°

3月3日
耳の日の
おはなし
HB
B

いただきます
HB
B

GAME
スナック

がら がら
ティッシュ
ぱしぱし
ちーん
もくひょう

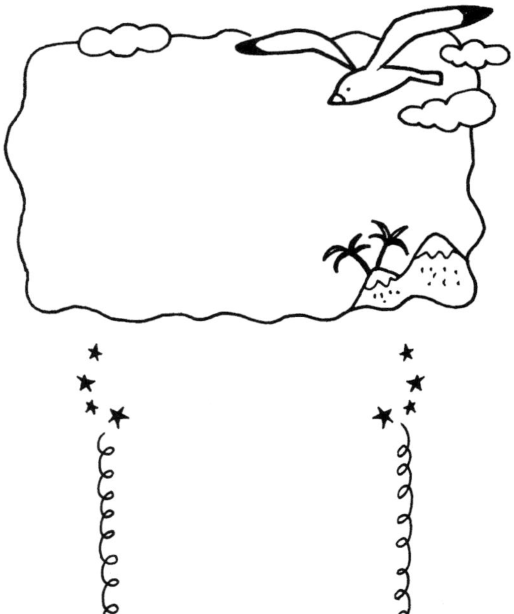
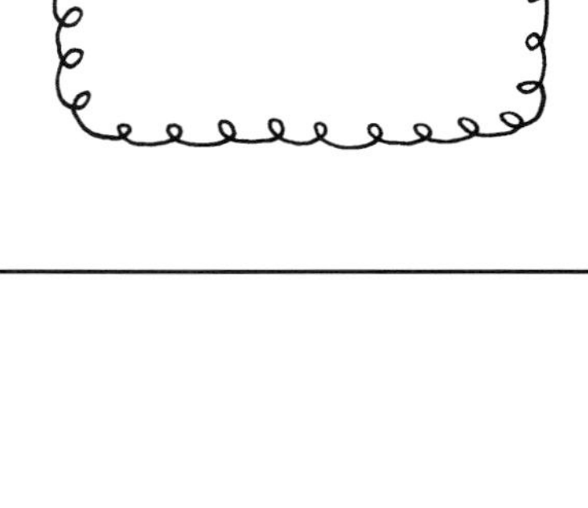

ZOO

年　組　番
なまえ

著者略歴

髙石 昌弘（たかいし まさひろ）

1953年	東京大学医学部医学科卒業
1955年より	国立公衆衛生院勤務
1964年～1965年	ロンドン大学小児保健研究所発育研究部に出張
1980年～1986年	東京大学教育学部教授に併任
	国立公衆衛生院母性小児衛生学部長、国立公衆衛生院次長を経て
1989年～1993年	国立公衆衛生院長
1993年～2001年	大妻女子大学教授を勤めた後定年退職
現在	国立公衆衛生院名誉教授、東京医科大学客員教授

出井 美智子（いでい みちこ）

1958年	東京大学医学部衛生看護学科卒業
1958年～1974年	同学科助手、短大非常勤講師を経て
1975年～1994年	文部省体育局学校健康教育課教科調査官
1995年～1999年	杏林大学保健学部教授
2000年～2004年	岐阜県立看護大学教授

坂田 昭恵（さかた てるえ）

1958年3月	埼玉県立養護教諭養成所卒業
1958年4月より	埼玉県公立学校養護教諭として13年間勤務
1971年4月より	埼玉県教育委員会事務局　保健課勤務
	技師・主任・指導主事を経て
1976年4月より	埼玉県立教員養成所 講師、埼玉県立養護教諭養成所 専門調査員兼講師、担当は学校保健、養護教諭の職務、看護学など（19年勤務） この間、埼玉県立厚生専門学院・埼玉県立短期大学・埼玉県立大学・女子栄養大学の非常勤講師を勤める。現在女子栄養大学 非常勤講師

藤江 美枝子（ふじえ みえこ）

1970年3月	千葉県保健婦専門学院卒業
1970年4月より	東京都公立中学校養護教諭として11年5か月勤務
1983年3月～1987年 1998年8月～現在	（株）少年写真新聞社の編集業務に携る

「ほけんだより」のつくり方ガイドブック ― 理論と実際 ―

2009年3月20日　第1刷発行
監修・序文：高石昌弘
著　　者：出井美智子、坂田昭恵、藤江美枝子（共著）
発 行 人：松本　恒
発 行 所：株式会社 少年写真新聞社　〒102-8232 東京都千代田区九段北1-9-12
TEL. 03-3264-2624　FAX. 03-5276-7785
URL　http://www.schoolpress.co.jp
印 刷 所：株式会社 豊島

ISBN978-4-87981-294-0 C0037